"你"从何而来?

"这是一本简短但有足够吸引力的科普书。这本书引领读者思考了到底是"什么造就了'你'"。为了回答这个问题,作者抛出了诸多线索:你体内的原子是如何产生的,它们是如何在空间和时间上到达你的,你消费的东西的来源,你身体的活细胞是如何发育的,你庞大的大脑和意识起源于哪里,人类是如何进化的,以及,读者的个人遗传史到底揭示了什么。从生命起源、生态学、进化论、家谱、人类身心、原子物理学、生命和能量,再到遗传学和人格等多个维度,探索构成你的数十亿个粒子——DNA、皮肤、记忆——是如何形成的。书中充满了有趣的事实,为任何对人类自身状况和发展感兴趣的读者提供了阅读的乐趣。

科学可以这样看

What Do You Think You Are?

人类极简史

塑造你我的科学理论

〔英〕布莱恩·克莱格（Brian Clegg） 著
向梦龙 译

你体内的氢是在宇宙大爆炸不久后产生的
您体内的元素价值约 100 元
你的意识只处理你大脑所做事情的一小部分
你与黑猩猩共享96%的基因，与香蕉共享60%的基因

重庆出版集团 重庆出版社

What Do You Think You Are?: The Science of What Makes You You

by Brian Clegg

Copyright © 2020 Brian Clegg

This edition arranged with Icon Books Ltd & The Marsh Agency Ltd.

Through BIG APPLE AGENCY, INC., LABUAN, MALAYSIA.

Simplified Chinese edition copyright © 2024 Chongqing Publishing House Co., Ltd.

All rights reserved.

版贸核渝字(2021)第007号

图书在版编目(CIP)数据

人类极简史 /（英）布莱恩·克莱格著；向梦龙译 — 重庆：重庆出版社，2024.6

ISBN 978-7-229-18725-5

Ⅰ.①人… Ⅱ.①布… ②向… Ⅲ.①社会发展史—通俗读物 Ⅳ.①K02-49

中国国家版本馆CIP数据核字(2024)第098786号

人类极简史

RENLEI JI JIAN SHI

〔英〕布莱恩·克莱格（Brian Clegg）著
向梦龙 译

责任编辑：苏　丰
责任校对：杨　媚
封面设计：博引传媒·邱江

重庆出版集团
重庆出版社　出版

重庆市南岸区南滨路162号1幢　邮政编码：400061　http://www.cqph.com
重庆市国丰印务有限责任公司印刷
重庆出版集团图书发行有限公司发行
全国新华书店经销

开本：740mm×1000mm　1/16　印张：10.25　字数：150千
2024年8月第1版　2024年8月第1次印刷
ISBN 978-7-229-18725-5
定价：45.00元

如有印装质量问题，请向本集团图书发行公司调换：023-61520678

版权所有　侵权必究

Advance Praise for *What Do You Think You Are?*
《人类极简史》一书的发行评语

  布莱恩·克莱格擅长科普书写作。这是一本内容广博、思想深邃的作品，直指人类的本源，尽快阅读吧！

  ——安杰拉·萨伊尼（Angela Saini），《逊色》（*Inferior*）和《优等》（*Superior*）的作者

献给
吉里安、蕾贝卡和切尔西

目 录

- 1　1　一张复杂的网
- 5　2　你的祖先是皇室
- 15　3　星尘往事
- 28　4　如何点燃生命的火花？
- 42　5　吃什么，你就是什么
- 56　6　另一种猿
- 75　7　你的意识是一种幻觉吗？
- 100　8　生活不只有生物学
- 126　9　你爸妈没把你搞得一团糟
- 150　10　每一件小事

1　一张复杂的网

2012年，在撰写《你身体中的宇宙》(*The Universe Inside You*)一书的序言时，我曾请求读者站在镜子前观察自己的身体以初探广阔科学世界的起点。在撰写本书时，我改变了这个想法并希望走得更远一些——探寻一些问题的科学依据——你为何独特？你为何不同于其他人、动物、植物？定义你的组分因何而聚集？

人与人之间虽有诸多相似之处，但没有完全一样的人——你也不例外。为什么会这样呢？一种回答是我很独特——这很容易，但没有意义。我们需要借助科学以获得更准确的认知。在《科学态度》(*The Scientific Attitude*)一书中，李·麦金太尔(Lee McIntyre)讨论了科学、非科学、伪科学的区别。他认为，科学态度是一个重要的因素。科学态度有两个简单的组分：实证（基于实验或观察而不是理论或逻辑）、怀疑精神（面对冲突证据时，敢于提出疑问并作出修正）。为了解开前述疑问，我们需要这样的科学态度。

也许，一些人会说，答案是灵魂造就了你。他们宣称，只用物理和化学解读人类是片面的，一些"东西"不能被忽视——灵魂、精神、生命力，它们甚至超越了生死。

这些超然之物越过物理范畴，它们是超自然的。从定义上看，科学不能探索灵魂，因为科学是对自然的研究。如果你持有类似的观点，请不用担心，本书无任何内容主动反驳灵魂的存在。同时，这丝毫不影响我们开启一次迷人的探秘人类（包括人类的起源和运作）的科学之旅。

这里，我们有必要谈谈一个重要的词——涌现。它的重要性不仅体现于对生命的思考，还体现于意识的思考等其他方面。如果某样东西以各组成部分的整体互动的结果出现且不存在于任何组成部分中，那么它就是涌现的——原子组成的

What Do You Think You Are?

人有生命，但原子并无生命。

显然，人不是一堆原子的简单集合。你的身体约有 7×10^{27} 个原子。事实上，为了成为你的一部分，每个原子都经历了一段非凡的时空旅程。

虽然你的身体由大量原子以特定的方式组合而成，但人体只包含几十种不同的元素，特定元素具有相同的原子①。追寻历史，我们发现，每个原子都有自己的迷人故事。你的独特组合与其他人的原子组合有许多相似处，但不会完全相同。

追求极简主义的科学家也承认，人不是一堆原子的简单集合，人是有生命的。许多证据表明，生命形成于地球诞生后不久。我们认为，在地球存在的约45亿年的时间里约有90%的时间存在生命。初级生命体是如何从尘埃和气体中产生的？生命是什么？如果我们没有生命，就不会问出这些问题。生命这种状态似乎普遍需要水和能量——所以，我们还需要探索这些基本要素从何而来。

地球上最早出现的生命形式是具有细胞形态的单细胞生物，如细菌。我们是复杂的多细胞生物。发现之旅的下一步是从最早的生命追踪到人类的出现，拼接出人类和人类这个物种的前身之间的"缺失环节"。显然，站在进化史的角度，遗传学是不能绕开的。乍一看，这似乎降低了你的独特性——你与其他人的基因相似度约为99%，你与黑猩猩的基因相似度约为96%。你与香蕉的基因相似度约为60%。

事实上，我们需要警惕使用基于遗传学的还原主义方法。尽管基因确实在一定程度上决定了你将成为什么样的人，但我们不能低估其他因素带来的差异。虽然你与黑猩猩具有高度相似的基因，但你们却明显不同。科学家发现，基因只占DNA的一小部分，你与黑猩猩的DNA差异很大。

我们知道，智人出现于200 000年前。在这样的时间尺度上，直至最近，我们才开始给周围的世界带去巨大的影响，且我们的生活方式发生快速的改变。几千年前，你的出现几乎完全依赖于生理本能；现在，你周围的建筑和技术世界也需考虑进来。

还有一些问题需要探索——意识、性格和行为，它们像空气一样无形而不可

---

① 准确地说，同位素是同一元素的变体，具有不同数量的中子。

见。在人类进化史上的某个时刻，我们获得了意识，但意识是什么以及它是如何运作的，需要向科学要答案。今天，这个问题仍然是科学领域的一个巨大的挑战。

性格和行为也是非常重要的因素。一个朋友或亲戚罹患痴呆症并因此性格大变，他的家人一定会非常沮丧。长期以来，性格形成的关键因素一直在被人们争论——先天遗传、后天养育，谁更重要。今天，一些量化的数据使我们越来越清楚地了解内在的"你"是如何构建的。

循环往复

通常，人们惯于从最基本的组成部分展开探索——你体内的原子。这里，我选择了一种非常不同、更人性化的方式启动我们的旅程。在历史上的大部分时间里，一个人在世界上的确切位置不是从分子生物学、心理学或物理学中得出，而是家庭树的蛛网图。它造就了皇室和平民、地主和农民。什么造就了你，我们可尝试通过家谱探索[①]。

家谱虽然有局限性，但它有巨大的流行力。家谱网站蓬勃发展，电视节目也经常给我们展示名人的家谱。家谱是一个理想的切入点，它也许能帮我们探索到遗传的奇点。

举个例子，通过英国的一个家谱类电视节目，经常扮演东区伦敦佬的工薪阶层小演员丹尼·戴尔（Danny Dyer）发现自己的祖先竟是皇室后裔，他为此感到自豪。许多人知道自己的小家谱，但鲜有人能通过某团队的帮助更深入地挖掘出类似发现。实际中，你真的了解自己的家谱吗？也许，你的小家谱只是某个大家谱的一个分支。当然，没必要为此感到失落。

我可以自信地说，你也有皇室的祖先。

[①] 这不是一门真正的科学，但它是一门"学问"，如穆琳·利普曼（Maureen Lipman）在一则英国电信的老广告中如是说。

2　你的祖先是皇室

许多人喜欢家谱。它能让我们了解自己的近亲，回顾若干年前的情况——这是它能做到的极限。"家谱"这个词来自古希腊语，意为"追踪血统"，血统决定了你是谁。在某种程度上，拥有一份"谁生了谁"的名单，才能确定家庭成员死后的遗产继承。在某种程度上，出生的家庭决定了你会成为什么样的人，这种假定被僵化的社会结构（如阶级或种姓制度）延续和锁定。

以英国为例，过去的100年里，虽然阶级划分已逐渐模糊，但仍有一些人非常坚持，在皇室中尤为明显。传统上，英国人将自己分为工人阶级、中产阶级和上层阶级。工人阶级和中产阶级之间的界限已变得模糊。例如，我父亲的父母是工厂工人，无疑是工人阶级；我父亲没上过大学，十几岁就参加了工作，无疑是工人阶级；我父亲上了夜校，晋升为公司的经理和董事并完成了自己的整个职业生涯，成为了中产阶级。

这一界限是模糊的。其一，大多数"中产阶级"不再从事传统的中产阶级职业，如神职人员或医生；其二，他们不是企业主，通常是一个组织的高级雇员。相比之下，上层阶级的残余分子以出身为荣，不以成就为要，他们视皇室血统为个人成就的巅峰。出于这个原因，在发现自己是英国国王爱德华三世（1312—1377年）的后裔时，演员戴尔表现得很兴奋。事实上，我们发现，这并未使戴尔变得特殊，并无任何特别之处。

指数倍增

家谱树很有趣——浅看，无伤大雅；久看，其结构的局限性则难以掩饰。回

2　你的祖先是皇室

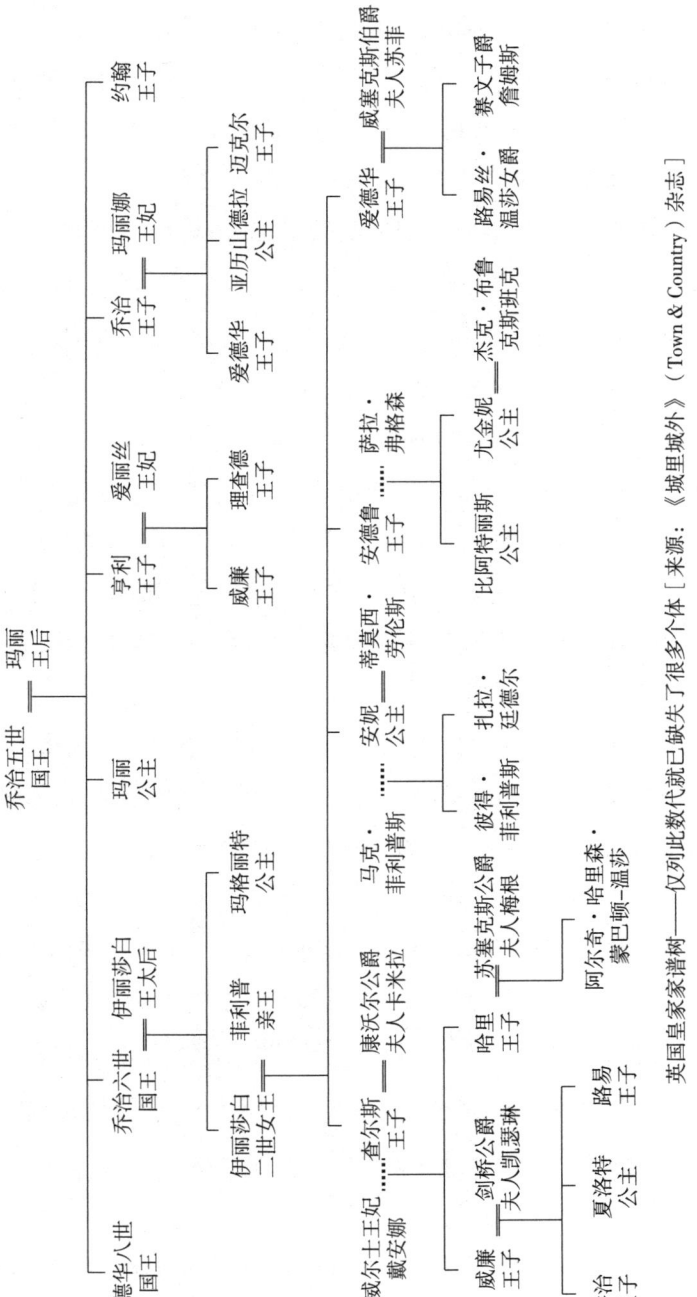

英国皇家家谱树——仅列此数代就已缺失了很多个体 [来源：《城里城外》(Town & Country) 杂志]

What Do You Think You Are?

溯几代，家谱树的内容会变得非常具有选择性。现实中，受限于信息量，家谱编制者通常选择几条可能的分支铺开，称呼其为家谱枝或许更准确。这种局限性源于数学领域的指数倍增。

今天，"指数型"常用于非精确的、巨大的事物，如"这座雕像巨大无比"。但在数学上，指数具有精确的含义。普通的线性增长指某值按倍数增长。例如，5年后，某件线性生长的东西扩大为原来的5倍；10年后，扩大为原来的10倍，依此类推。指数型增长则完全不同，10^9等于10亿，数字"9"是指数。例如，5年后，扩大为原来的10^5倍；10年后，扩大为原来的10^{10}倍。不同于线性增长，指数型增长的速度更快，以这种方式增长的东西会迅速失控。

指数倍增是指数型增长的另一种形式，数学表达为2^n倍。英国流传着一个与此相关的故事（棋盘和米粒的故事）。国王发布了一个任务，一个聪明人接受了这个任务。不过，他向国王提出了一个简单的要求，以米粒为酬劳。米粒的总数需要涉及一些计算：在棋盘的第1个格子中放入1粒米，在第2个格子中放入2粒米，在第3个格子中放入4粒米，在第4个格子中放入8粒米，依此类推，直到全部格子都放入米粒。

在故事中，国王同意了交易，结果欠下了巨额"债务"。显然，我们的头脑很难处理指数倍增问题。棋盘有64个格子，我们通常会主观地认为最终的结果应该是64的倍数，也许是64兆，也许是64亿。事实上，这个结果是我们无法想象的。

让我们以格子中的米粒为例。第1个格子1粒米，1个格子的总数是1粒米；第1个格子1粒米，第2个格子2粒米，2个格子的总数是3粒米；第1个格子1粒米，第2个格子2粒米，第3个格子4粒米，3个格子的总数是7粒米……

我们得出了一组有趣的数字——1，3，7，15，…，米粒的总数符合一个数学公式$S_n=2^n-1$（n是格子数，S_n是n个格子的米粒总数）。不难看出，指数对计算结果的影响。

填满整个棋盘，我们需要的米粒总数为"$2^{64}-1$"，这是一个惊人的数字。换一种表达，米粒总数为18 446 744 073 709 551 615，约3 000亿吨。

米粒数量与家谱有何关系？其实，指数倍增也存在于家谱树中，只是少有人仔细思考。家谱树上的每个人都有两个生物学的亲代（父母）。每上溯一代，人数就会倍增。在家谱树上，你有1对父母，4个祖父母，8个曾祖父母，依此类推。

这是一组有趣的数字，它与前述的米粒数字相似。通常，我们把25年视为一代，这个数字接近人们成为父母的平均年龄。今天，也许30这个数字更合理。考虑历史上的大部分时间，25是最佳数字。我对两者都做了计算（如下图）。

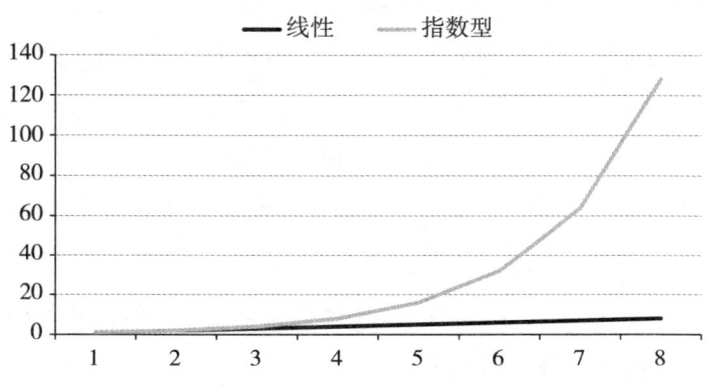

线性增长对比指数型增长：指数型增长的速度大于线性增长。

你的直系祖先数量会经历倍数增长，每一代倍增一次。你是1个人，你、你的父母合计3人，你、你的父母、你的祖父母合计7人，依此类推，熟悉的数字再次出现——1，3，7，15，…

因此，家谱树也符合前述公式 $S_n=2^n-1$（n是代数，S_n是n代的总人数）。今天仍存于世的约80亿人中的任何人都有这样的一棵家谱树。

失踪的亿万祖先

从智人出现以来，约有1 100亿人曾活在世上。虽然它只是概数，但与实际数相差不远。一些机构（如一个被称为PRB的团队）常使用的数是1 080亿。我选择1 100亿的原因有二：其一，作为估数，1 080亿似乎显得有些精确；其二，他们认为智人存在的时间是50 000年，并基于此计算的人的数量——根据今天的资料，智人存在的时间被大大低估。

1 100亿人经历了多少代呢？通过前述公式，我们认为答案约为37代——因

What Do You Think You Are?

为 2^{36} 约为 680 亿, 2^{37} 约为 1 370 亿。此外, 通过今天的约 80 亿人反算, 我们经历了约 34 代——因为 2^{33} 约为 85 亿。不过, 这种算法未考虑你与兄弟姐妹的家谱树的交集, 因此, 36 代似乎更准确一些。

以 25 年为一代, 我们会回到 900 年前; 以 30 年为一代, 我们会回到 1 080 年前。问题来了, 通过这样的简单计算, 人类似乎只存在了约 1 000 年。然而, 我们知道, 人类的历史至少能追溯到 7 000 年前; 站在人类学和古生物学的角度, 智人出现于 200 000 年前。以智人为起点, 以 30 年为一代, 我们经历了约 6 666 代。那么, 我们在家谱树上的总人数应有 2^{6666} (约为 4×10^{2006}) 人。与宇宙中的原子总数 (约为 10^{80}) 作对比, 这是一个惊人的大数字

显然, 这个计算有问题。从计算结果看, 家谱学家绘制的家谱树曾被规整地修剪过。实际上, 家谱树的分支存在复杂的交叉, 同一个人能出现在不同的分支中。考虑早期人类的低流动性, 这种情况会更加突出。一些人从未离开过家乡, 他们只是在一个小基因池里寻找配偶。

4×10^{2006} 与 1.1×10^{11} (1 100 亿) 对比, 一定有什么遭到了忽略。思考戴尔的例子, 他的喜悦得益于我们对祖先的分支和世系数量的统计分析。事实上, 不断回溯, 大部分人能得到共同地区的祖先。在较大的时间尺度上, 也许你与你所在地区的人都是亲戚, 包括国王与王后、诗人与仆人、杀人犯与流浪汉。

进化出一个理论

在确定失踪祖先的问题之前, 我们需要先确定回溯至多远。在第 6 章, 我们将探寻人类的起源; 现在, 我们先探寻家谱树的源头。为了寻找突破口, 我们可以先谈谈进化。

我为那些研究进化的科学家感到遗憾, 因为其他科学主题的研究者通常不如他们那般情绪化。物理学家可能会对那些不认同量子力学的人或者对那些提出的理论无法在真实宇宙得到检验的人提出抱怨。不过, 他们不太可能陷入类似学校董事会的辩论或者关于真实宇宙的法律的辩论。实际上, 站在局外人的角度, 进化简单明了。

通过两个常识性的假设，我们可以发现进化不可避免。第一，我们有能力将各种特征传给后代，而这些后代并不是我们的碳拷贝（因为特征的混合来自父母双方）。第二，生存和发育能力更强的生物更有可能繁殖出后代。两者结合起来，你就知道，进化一直在发生，无论你喜欢与否。达尔文不知道它是如何运作的（他不懂我在后文提及的遗传学），但生物世界还没有其他理论可以超越达尔文。

科学告诉我们，在地球上存在生命的亿万年间，进化带来了物种的繁荣。一些人常说："我接受微进化，它的发生显而易见。例如，长有更大鸟喙的鸟儿更善于啄开坚果。那么，随着时间的推移，长有更大鸟喙的鸟儿更可能繁殖后代并占据统治地位。不过，我无法理解老鼠怎么变成黑猩猩，或者黑猩猩怎么变成人。"

这里有两个问题：第一，持此观点的人对物种的认知是武断的。他们认为，任一有机体都与其亲本是同一物种[①]，这似乎暗示永远不会有新物种涌现。事实上，我们面对的不是某个单一的变化，而是遗传上的微小变化的积累，最终导致某个生物演变为不同于自己祖先的新物种。传统上认为，一个物种从另一个物种分化而出的界线是在与前一物种不能通过交配生育出有生育能力的后代。根据生物的繁殖速度，这种变化也许需要数十年或数百万年的时间。

我们可以思考彩虹的颜色去理解"物种随时间变迁"和"有机体与其亲本是同一物种"的矛盾。我们知道，颜色的种类远多于牛顿最初的认定。观察彩虹，我们发现它有数百万种不同的颜色。我的电脑可以显示 16 777 216 种颜色，任一颜色都与自己邻近的"父母"颜色相近。从整个光谱来看，红、橙、黄、绿、青、蓝、紫夹杂着所有的颜色变种，物种也是如此。

第二，这个观点无须理解，因为它从未发生，我们不是其他类人猿的后代。相反，回到足够远的时间，你可以找到我们和我们的近亲黑猩猩、倭黑猩猩的共同祖先；再往前，你可以找到我们与其他类人猿的共同祖先，我们与猴子的共同祖先……我们与老鼠的共同祖先。

要思考人类的家谱树，我们需要回溯我们这一物种从前一物种进化而来的时间。当然，你可以继续回溯到一些更早的共同祖先——不过，其难度远超人类的

[①] 原则上，一次剧烈的突变会带来新物种的诞生，但这种突变发生的概率很低。

What Do You Think You Are?

家谱树。所以，基于化石证据，我们选择了智人出现的时间（约 200 000 年前）。

发现线粒体夏娃

那么，我们如何证明人人都与戴尔一样拥有皇室血统？显然，我们需要一种探视过去的方法，弄明白我们需要回到多远的过去才能看到我们的共同祖先。在生物学上，DNA 是重要的遗传物质。多数 DNA 来自你的父母，少数 DNA 来自你的母亲——线粒体 DNA。线粒体是由细菌发展而来的重要结构。通常，我们称线粒体为细胞的发动机，它是为细胞提供能量的细胞器。

线粒体的远古祖先是独立的实体，有自己的 DNA，其与细胞的主要 DNA 不同。与染色体的 DNA 一样，线粒体的 DNA 也包含基因。数百万年以来，线粒体一直在人体（以及大部分具有复杂细胞的生物）中发挥作用。线粒体的多数基因被转运到了染色体中，只有少量留存——人类线粒体只有 37 个基因。它们很特殊，它们只能由母亲遗传给后代。

通过个体的线粒体 DNA 突变[①]率对比，我们能反向计算出现存所有人类最近的共同祖先——线粒体夏娃。我们都是她的后代，我们认为她大约生活在 150 000 年前。需要注意的是，线粒体夏娃不是当时唯一活着的女性，也不是第一个女性。

寻找共同祖先

找到线粒体夏娃不足以解释"什么造就了你"，既因为这一过程基于的是一些粗糙的假设（下面有几条介绍），也因为它只溯及了母系的线索。解决该问题既需要母系的线索，也需要父系的线索，还需要用到统计学知识。20 世纪 90 年代末期，耶鲁大学的统计学和数据科学教授约瑟夫·T.张（Joseph T. Chang）撰

[①] 突变是 DNA 中的核苷酸序列突然发生改变，它可能由 DNA 复制错误或由外在干扰（如宇宙射线）造成。所有人都有突变的 DNA。

写了一篇题为"所有现存人类的最近共同祖先"（Recent Common Ancestors of All Present-Day Individuals）的论文。在论文中，他用一个数学模型带我们作了一次令人惊叹的时间之旅。

一开始，张教授保留了前述研究的一些极度简化的设定。线粒体夏娃的计算过程假设每一代人死亡后都产生了新一代，每个个体只有一个父代。计算过程还假设个体的父代在前一代的整个人群中随机挑选。事实上，这值得怀疑，你的父亲与母亲相遇的概率不等同于你的父亲与当时的其他异性个体相遇的概率。张教授接受了这些简化，但做了一些改进。

张教授证明，一旦同时考虑父母双方的情况，共同祖先出现的时间会提前——即便排除复杂家庭[①]。张教授说："我们在几十代之内就能找到共同祖先，这个数（多少代）与人群大小成对数关系。"

在数学上，我们习惯用 2^N 大致描述人群大小，N 是与最近的共同祖先的相差代数。例如，某人群有100万人，追溯其共同祖先需要20代，因为 $2^{20}=1\,048\,576$。对于相同数量的人群，追溯到单母系的线粒体夏娃需要几千代。

通过这种方法只能得出距离最近的共同祖先的代数的近似值。我们知道，共同祖先在同代中至少有2人，再上一代至少有4人，依此类推——最近的共同祖先的父母、祖父母也是我们的共同祖先。

因此，我们发现，共同祖先会成倍增加。最终，一定会出现这样一个结果，曾经的第 N 代人中在今世仍有后裔的人是今世所有人的共同祖先。令人惊讶的是，这个数字并不大，约为最近的共同祖先所需代数的1.77倍。

当然，现实世界中的人远不止100万——撰写本书时，世界约有77亿人。通过简单的计算，我们发现 N 等于33（约1 000年）时可以找到全人类的共同祖先。到这里，该模型的一个原则性假设遭到了质疑——个体的父代在前一代的整个人群中随机挑选。今天，人们与本国异性结婚的概率远大于与他国异性结婚的概率。然而，这个假设暗示世界上的任何人都可以成为你的父母。

基于前述假设，张教授认为自己的推算是合理的。2004年，他与道格拉斯·罗德（Douglas Rohde）、史蒂夫·奥尔森（Steve Olson）在《自然》（Nature）杂志

[①] 举一个复杂家庭的例子，我祖父的继母与我的曾祖父诞下的孩子和我的祖父是表亲。

What Do You Think You Are?

上发表了一篇论文。这篇论文考虑了种群隔离和交配趋势的问题，提出了一个改进版的模型。

通过计算，我们需要更长的时间才能找到人类最近的共同祖先。张教授和他的同事们认为，最近的共同祖先出现在约公元前1415年；某代人中在今世仍有后裔的人是今世所有人的共同祖先出现在约公元前5353年。

引入基因

这篇论文吸引了大量的研究者的关注。他们把遗传信息添加到模型并计算出新的结果，例如，在欧洲范围内，最近的共同祖先出现在约600年前；某代人中在今世仍有后裔的人是今世所有人的共同祖先出现在约1 000年前。

我们不知道最近的共同祖先是谁，但我们知道很久之前在今世仍有后裔的人是我们的祖先，这些人包括当时的皇室成员。查理曼大帝是常被人们提起的例子，他是法兰克王国加洛林王朝的国王，生活在742年至814年。今天，有证据表明，他有活着的后裔——这意味着今天的欧洲人可以将查理曼大帝列入自己的家谱。同理，一些资料认为今天的英国皇室是征服者威廉的后裔——这意味着今天的欧洲人可以将威廉列入自己的家谱。

寻找更早的历史，一定能找到一个足够久远的合适的统治者。他是我们的祖先，我们是史前王朝皇室成员的后裔——他也许不存在于我们的文献资料，但一定存在于曾经的历史。根据考古资料，苏美尔人出现于约公元前5000年，也许，我们都与苏美尔王室有关。

这里有一个很重要的条件，他们的后代仍然活着。事实上，不会所有人都满足这个条件，但一定有满足条件的人。现在，可以确定的是，我们有共同的祖先，我们都是皇室成员的后代。不过，别太自以为是，我们也是杀人犯、流浪汉和小偷的后代。你的祖先包括商人和乞丐、哲学家和艺术家、圣人和罪人。真正的家谱并不是我们通常看到的那种轻薄的小东西——它是巨大的、交织的森林。

在继续深入了解自己之前，我们先花点时间驳斥一个家谱神话。站在生物学的立场上，种族这种东西并不存在。

种族名片

我们喜欢把事物，包括人分成群体和类别。这是我们理解世界的方式，且通常有用。具体到人，有时，类别反映人的归属。我们有很多对人类进行分类的方法，都有一定的有效性和实用性。例如，虽然国籍没有生物学基础，但它有法律意义，也是造就你的一部分。群体可以有生物学上的差异，也可以没有，如社会经济群体、文化群体、异性恋群体。我们承认这些群体，因为它们是我们的一部分，也因为文明社会不应有歧视。

然而，种族与它们完全不同。种族的概念没有科学依据，它既没有生物学意义，也没有文化意义。无论是简单层面的黑人或白人的划分，还是非洲、加勒比、欧洲、南亚或东亚这样的地域分群。事实上，种族是种族主义者使用的随意概念。

一些人可能会认为，种族这种说法是政治正确的——认为我忽视了明显的种族差异，进而认为我是一个稀里糊涂的自由主义者。不过，站在科学的层面，任意选择几个种族群体，你会发现群体中个体之间的遗传差异远大于群体间的遗传差异。2002年，有人研究了来自52个人群的1 056个个体，发现93%~95%的遗传变异出自人群的内部（而不是人群之间）。的确！有某些小的遗传差异来源于某些种族的原籍地，但这种差异小至可以忽略。

那么，如何解释黑人、白人皮肤的明显区别？当然，现实世界，一些人的皮肤稍黑于其他人，但色素沉淀的差异不足以使你成为其他种族。事实上，我们每个人都是突变体，我们的基因不同于其他任何人，即便同卵双胞这样的基因克隆体也存在差异现象。因此，皮肤色素较深这一事实并不值得人们兴奋。年轻时，我的头发是鲜红色的。我与周围的大多数人有明显的色素差异（由突变引起）[①]，但没人说我与他们是不同的种族。

所有的"种族差异"在生物学上都微不足道。我们对种族的大部分联想与文

[①] 头发的颜色和皮肤的颜色由同一种天然色素（黑色素）的变体决定。

What Do You Think You Are?

化和社会经济因素相关。然而，种族只是个粗糙的标签，它与文化、社会经济并无关系。也许，它只是人们仇外心理的借口。请记住我们已获得的知识，我们都有共同祖先。反之，你不仅与远古的皇室有关，你与地球上存活着的所有人都有关，无论你把他们标注为任何种族。

作为一个物种，我们尚处于成长之中。我们可以对他人保持不确定的怀疑精神，但保留种族这个想象的标签对我们无益。

什么造就了你，家谱只给出了一个有限的视角，它只能反映遗传背景给出的提示。现在，我选择了一个全新的视角——回到更早之前，寻找构成你的最基本成分的诞生。我们是原子的集合。原子是什么？原子从哪里来？原子是如何进入你体内的？

3　星尘往事

我们知道，在家谱学的角度，寻找祖先也许需要回到几十代之前；在物理学的角度，寻找祖先也许需要回到数十亿年之前。在基础物理学的层面，你主要由一些基础粒子构成，还需要一些力的帮助（事实上，一些特定粒子存在的时间远大于人类存在的时间）。也许，从某种意义上说，这仍然是还原主义。一些人指出："你不是一堆粒子的集合。通过涌现和相互作用，最后的结果远超各组分的总和。"不过，我们不能否认这些粒子的存在，不能否认它们是组成你的基础部件，否认它们是不科学的。

万物的构件

了解这些部件有助于提高我们对一个问题的认知——什么造就了你。这里，我们讨论的不是高中科学课里提及的那些粒子，而是基本粒子。这些粒子没有亚部件，电子就是其中之一。我们知道，电流涉及电子的流动，原子核周围的电子数量和分布决定了原子的化学性质。

电子很小，非常小，小到不可思议。它的质量大约是 9.1×10^{-31} 千克。向一个诚实的物理学家提问——电子有多大？他一定会面露难色。一般的回答是，电子是一个点粒子，它似乎没有大小。如果真是这样，一定会引起一些严重的理论冲突，因为一些物理值会随着物体的半径变小而增加——如果物体的直径为零，会产生无限大的值。如果电子非常小且有可测的半径，势必会引起一些麻烦。显然，电子是一种古怪的小玩意。

19世纪90年代，人们发现了电子。20世纪60年代，人们开始认识另外两个

What Do You Think You Are?

基本粒子——夸克、胶子。你也许会提出疑问，质子和中子到哪里去了，它们也是构成原子的粒子。很遗憾，质子和中子不是基本粒子，它们都有亚部件。

质子有2个上夸克和1个下夸克，由胶子连接；中子有1个上夸克和2个下夸克，也由胶子连接。它的名字中，"上""下"只是一种数学表达。

和电子一样，夸克也是非常轻的粒子，质量约为 3.9×10^{-30} 千克（上夸克）和 8.4×10^{-30} 千克（下夸克）。胶子没有质量。通过简单计算，质子和中子的质量约为 1.62×10^{-29} 千克和 2.07×10^{-29} 千克。问题来了，这个结果似乎比我们知道的质子和中子的质量小了许多。事实上，问题在于质量的计算，质子或中子的大部分质量不来自于它们的构成粒子，而来自于使这些粒子结合在一起的能量。通过著名的质能公式，我们知道，能量（E）等于质量（m）乘以光速（c）的平方。质量和能量有确定的关系，物质的能量越大，质量就越大。

全知蛮力

粒子被力结合在一起，思考这一点有助于我们理解原子的构成。在介绍粒子时，我提到过"一些力"。具体而言，我们需要考虑两种力。第一种是电磁力，可以解释磁铁之间以及带电物体之间的力。电子带有负电荷，原子核带有正电荷，两者之间存在吸引力。

电子和原子核之间的吸引力阻止电子向外飞出（不过，在一些良好的导体中，一些电子能脱离束缚变成自由电子）。乍一看，带负电的电子和带正电的原子核之间的关系似乎具有毁灭性——电子会不会一头扎进原子核使原子毁灭？

随着人类对原子结构的逐渐了解，原子为什么不会坍塌这个问题引起了物理学家的注意。最早，人们认为，原子的正电部分像一块带正电的果冻，带负电的电子镶嵌在果冻中。（当时，葡萄干布丁是一种形象的比喻，电子扮演葡萄干的角色。）不过，后来的实验证明，正电荷集中在原子正中的一个小核[①]上。

带着这种认识，当时的一些人喜欢用太阳系作类比（某种意义上，这似乎比

[①] "核"这个名字由新西兰物理学家欧内斯特·卢瑟福（Ernest Rutherford）提出。当时，他在曼彻斯特工作，后来这个术语被用来称呼真核细胞的中间部分。

葡萄干布丁更科学)。毕竟,行星被太阳的引力吸引。实际上行星确实在向太阳坠落。在这个过程中,灾难并非发生,因为行星还有与太阳方向垂直的侧向速度。它们以合适的速度围绕太阳运动,形成了一个相对稳定的轨道。如果电子也遵循这样的规律,运动在围绕原子核的轨道上,似乎是一种完美的结果——宏观尺度的太空与微观尺度的原子实现了美丽且优雅的统一。电子欢乐地围绕原子核作轨道运动是人们乐于接受的理论(看看国际原子能机构的标志,见下图)。不过,令人遗憾的是,这个理论完全错误。

国际原子能机构(IAEA)的标志

实际上,在加速时,电子会以电磁波的形式释放能量,这也是无线电和手机的工作原理。发报机在天线中加速电子并以电磁波的形式把信号传递至收报机。如果原子周围的电子在轨道上运动,那么它们会一直处于加速状态。(速度的变化既包含速率的变化,也包含运动方向的变化——电子在轨道上的运动方向一直在改变。)处于加速状态中的电子会释放能量、降低速率并急速下跌,最终撞向原子而湮灭。

解决这个问题的方法很激进,甚至有些疯狂。以尼尔斯·玻尔(Niels Bohr)为首的物理学家认为,电子被局限在原子核外的特定范围内,不能平滑地向内或向外运动,只能一跳一跳地运动,即量子跃迁。这是量子物理学的最早期内容,后来成为了理解超微观世界的标准方法。通过将电子限制在这些区域,灾难被消弭了。没人能说明白为什么会这样,但事情就是如此。

随着量子理论的发展,人们逐渐发现,原子中的电子沿着固定轨道作简单运动的可能越来越小。我们无法确定电子这样的粒子的确切位置和轨迹。因此,人们用了轨函(orbital)(为了摆脱轨道的固定形象)这个术语描述原子周围的一片

What Do You Think You Are?

概率云。电子就在这个三维空间的某处，但确切位置无法确定。

电磁力控制了电子，但原子核还需要另一种力，束缚夸克的力（确保由它们构成的带正电的质子不会因电磁斥力而彼此飞离）。我们看不到自由的夸克，因为有一种强大的力将它们结合。与我们熟悉的引力和电磁力不同，这种力只能在非常小的距离内起作用且作用的方式独特——分开两个物体，两者之间的吸引力会随距离的增加而增加，如绷紧的橡皮筋。

这种强大的核力（强核力）使我们看不到单独存在的夸克。这种力的作用范围极短，也限制了原子核的大小。

完整描述宇宙的运作方式还需要其他的粒子和其他的力，不过这些部件解释原子的基本结构（以及你的基本结构）已经足够。

粒子之间的空间

不过在某种意义上，上述分析缺少了一个关键部件——虚无。人们很难用语言对其做出准确的描述，但它非常重要。

看看你身体里最简单的原子，如一个氢原子的基础部件。思考微观水平的复杂的量子景象：氢原子的中间某处有1个质子（由2个上夸克、1个下夸克和将其结合的胶子构成），质子外有1个毛茸茸的概率球，那里有1个电子。质子和电子的中间是真空——绝对的虚无。

氢原子的内部有超过99%的空间是真空。现实中，人们通常将氢原子和原子核比喻为伦敦阿尔伯特音乐厅（Albert Hall）和音乐厅里的某只苍蝇。另一个比喻是，如果氢原子有地球那么大，那么原子核的直径约为200米，其余地方是真空。

你的化学成分

前面的介绍多出于物理学层面，现在我们看看人们更熟悉的化学层面。人们习惯把化学元素视为自己身体的构件。显然，这种部件的数量远大于基本粒子。我们知道，一个典型的70千克（约150磅）重的人约含有7×10^{27}个原子；地球上的天然元素有92种，人体内的天然元素有11种，它们占人体质量的99.95%。

也许，你听过一种观点，水是人体的主要构成部分。不过，当你看着镜子里的自己或者敲打自己的指关节时，你会发现自己的身体很结实，似乎不太可能和水有太多联系。事实上，你的大部分身体是由充满了水的细胞构成，你身体的含水量约为60%，你骨头的含水量约为30%。

水（H_2O）由氢和氧构成，根据前述观点，它们在我们体内的占比应该较高。不过，我们的身体还有一些含量颇丰的元素，如功能丰富的碳。人们知道，所有生命都离不开水，都以碳元素为基础。其他液体替代水，也许生命活动是可能的。例如，一些人认为，木星的卫星泰坦星（Titan）的冰冻表面（平均约为 $-180°C$）上可能存在以甲烷代替水的生命，因为那里的甲烷是液态的。不过，很难想象有其他原子能代替碳的作用。

原因很简单——在组成一系列广泛的结构时，碳是功能颇丰的元素，它可以组成六角苯环，也可以构成大的碳链以形成聚合体（如塑料）以及大分子（如DNA）。曾经，一些人认为硅或许能替代碳，它们在元素周期表上的位置相近，也许存在硅基生命。这个想法成为了当时科幻作家的最爱。但现实是，硅干不了碳的活儿。

的确，化学家们在2009年成功制造了一个短命的硅基苯环。引用伦敦帝国理工学院（Imperial College London）该项目一位研究者的原话："碳基苯环中的一些稳定和正常的性质在硅基苯环中变得不稳定。"似乎，硅不能作为生命的关键元素。

碳原子重量是氢原子重量的12倍，所以人体里碳的重量仅次于氧。人体约含65%的氧、18%的碳、10%的氢，它们约占了你身体重量的93%。此外，还有约3.1%的氮、1.6%的钙、1.2%的磷、0.25%的钾、0.25%的硫，以及更少比例的钠、氯和镁，99.95%完成了。当然，你还能在身体里找到痕量的四五十种其他元素，但它们对你的存在贡献甚微。

What Do You Think You Are?

你的身体价值几何？

一种在化学层面上评估你身体构成的方法是看看你的身体成分在公开市场上的价值。需要指出的是，这与你的个人价值毫无关系——也与你的器官和身体内容的医学价值［有人评估高达3 500万英镑（3.2亿元）］毫无关系。我们现在考虑的是你身体单个元素的价值，需要将你分解为原子。计算并不简单，因为很难合理评估某种元素的市场价格，不过据估计为125英镑（1 182元）。

这种估价变动很大。比如你身体中极为重要的成分，氢和氧。上面估价两种元素时用到的价格都是每千克0.17英镑（1.6元）。但是水（由氢和氧构成）比这个价格便宜——我自己最近收到的水费账单是每千克0.13英镑（1.2元），而且你还可以有更便宜的获得方法。用这种估价方法，你身体中的氢和氧大约价值9.4英镑（89元），你身体构成中的160克钾远远超过了这个价格，大约价值86英镑（813元），占据了你身体化学价值的绝大部分。

这一次，如果我们想要购买相同数量的钾，会收到大量不同的报价。例如，要购买实验室质量的金属钾，我要为160g支付大约414英镑（3 913元）。另一方面，一根香蕉含有大约0.4g的钾——那根400只香蕉可以给我们提供相同数量的钾。我在超市可以用56英镑（529元）买到这160g钾。如果去批发这些香蕉，价格还可以减半。

很显然，我们永远也计算不出确切的价值。另外一些估价方法得到的结果从0.83英镑（7.9元）到1 650英镑（15 599元）不等。价格的分布范围之广泛，显得有点离奇。例如，在得到高价的估价方法中，氢占据了绝大部分，因为它的价格高达每千克83英镑（785元），显然基于的是汽车的氢燃料价格，低价使用的是相对陈旧的数据，并且几乎肯定算错了。即便如此，我们还是得以在简单层面上了解你身体内部的价格。

|极人类极简史| 一个原子的生活史

这些总数约为 $7×10^{27}$ 的原子中，每一个都必然来自某处。它们并不是在你孕育、出生或成长过程中从无到有构建出来的。你体内的原子以不同的速度不断被替换——有些原子只保留几个小时，有些则在你体内存在了几年，但在十年的时间里，它们中的大多数都会被替换。而加入你身体的原子只有两个明显的来源——你所呼吸的空气和你所食用的食物及饮料。我们将在下一章中介绍消费方面的细节，但这里的关键考虑因素是，进入你体内的原子之前已经存在于空气、植物、动物[①]和矿物中。

如果我们可以追踪单个原子的历史，就会发现它曾多次进入其他的动物和植物体内。这里涉及的原子如此之多，以至于就像我们可以说你是皇室成员的后代一样，我们也可以肯定地说，你的身体包含了以前在皇室成员或你选择的历史名人身体里的原子。请记住，仅你的身体所包含的原子就比估计曾存在的1 000亿（10^{11}）数量级[②]的人类数量要多10万倍。

实际上，从树木到青草，从昆虫到小狗，你的原子曾在每一种类型的活生命体之内待过。再往前追溯，我们可以肯定地说，这同一批原子曾到过恐龙体内，很多肯定也到过细菌内部。除了少数由放射性衰变制造的原子外，你身体的每一个原子在45亿年前地球形成之时就已经存在了。

所以，如果你是由原子构成的，而这些原子在地球出现时就已存在，那么你到底从何而来？你的原子传承是什么？宇宙的年龄大概有138亿年。如果我们将这些原子追溯到地球和我们的太阳系出现之前会怎么样？形成太阳系的空间气体和尘埃本身只具有两个来源。最早的强力来源就是大爆炸。

[①] 抱歉，素食主义者和纯素食者们，如果你们只食用植物，这些植物中的大部分原子都曾到过动物体内。空气中的原子也是如此。你间接消费了足够多的动物。

[②] 数量级是常用的科学术语，通常意味着10的幂——所以1 000亿数量级意味着，相比于100亿或10 000亿，这个值与1 000亿更接近。

What Do You Think You Are?

宇宙学家的时间机器

我们还不能百分百确信地描述宇宙的起源。在这一点上太过于苛责宇宙学家，有点不公平。比较一下考古学家和宇宙学家的工作。考古学家一般是用手头的人造物品以及一系列的工具和技术，试着推测几千年前发生的事情。宇宙学家却要回溯数百万年的时间，而且无法触碰或直接分析任何东西。

不过公平地说，天文学家和宇宙学家还是有一个优势。在我小的时候，有一个电视剧叫做《时间隧道》[1]，如其名字所示，电视剧里面有一个外观迷幻的隧道样装置，剧内人物通过它窥视过去发生的事件，甚至能穿过它拜访另一个时空。如果我们限制时间隧道于只能观察，就好似给考古学家提供了如宇宙学家观察太空一般的好处。尽管考古学家可以触碰和检查文物，但他们没法直接看到文物如何被使用。相反，天文学家和宇宙学家不能直接操作他们的观察物，却能够窥视过去。

电视中时间隧道的工作原理没法解释，但我们真实地面向太空的时间隧道基于的是光的简单现实——光有速度。光能快速传播，非常之快。蜂鸟的翅膀每分钟扇动4 200次，人眼几乎无法分辨。然而在蜂鸟的翅膀仅仅扇动10次的时间之内，一束光就能传播地球直径的距离。光是如此之快，以至于很长时间以来人们甚至不清楚它到底有没有速度，或者说它干脆就是瞬间移动。17世纪的法国哲学家勒内·笛卡尔倾向于瞬移理论，认为光的作用方式就像一根台球杆。推一下杆的这头，另一头就能瞬间运动[2]——想象一下光在一段距离外的另一头随着某种干涉物质的推动而启动，同一时刻瞬间到达你的眼睛。

没过多久，首批尝试测量光速的人发现光确实非常快，但这种快不是瞬时性的。它以每秒约300 000千米的速度传播。实际上，与其他大多数自然常量不同

---

[1] 在我的记忆里，《时间隧道》是一个黑白节目——但实际上它的制作是彩色的，不过我当时只能用黑白电视观看。

[2] 不幸的是，这个模型本身也不正确。当你推动一个物体的一端时，另一端并不会瞬时运动，这个推动力通过原子间的力进行传播，在穿过该物体时以类似波的有限速度运动。

的是，我们可以用一个额外的数字表示它的速度：真空中每秒 299 792 458 米（在物质中传播时更慢一点）。如此精确是因为米的定义，最初米被定义为从北极穿越巴黎到赤道距离的千万分之一，现在则被定义为光每秒传播距离的 299 792 458 分之一。

太空之旅

那么，当人们仰望星空时，就不可避免地存在一种时间推移效应。一个物体越遥远，你看到它时它所处的时间就越久远，因为你必须等待光从这个物体传播到你的眼睛。在一个晴朗的夜晚，看看你能否找到猎户座，它的特征是其腰带上的三颗星（见下图）。

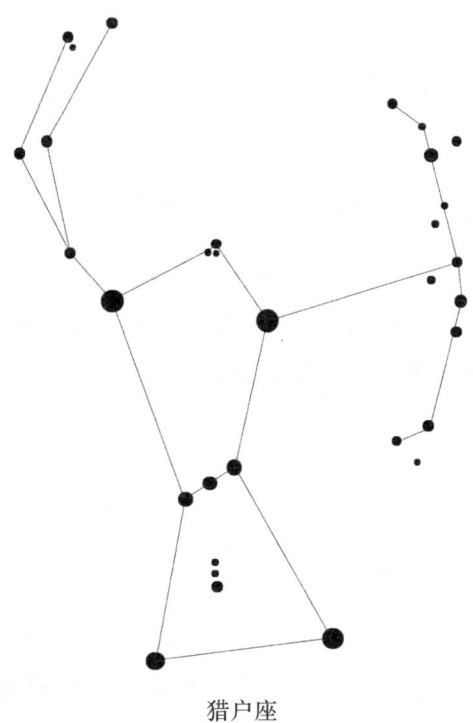

猎户座

参宿二是猎户腰带这三颗星的中间一颗，离我们大约有 2 000 光年。尽管时不时有些科幻电影会用"光年"作为时间单位，但它实际上表示的是距离。顾名

What Do You Think You Are?

思义，光年就是光在一年内传播的距离，大约是9.5兆千米。所以当你仰望参宿二时，你看到的星光已经朝你运动了2 000年。你看到的是那时候的参宿二，不是现在的。此外，更亮的天体能让我们更锐利地观察过去。

裸眼可以看到的最远天体可能是仙女座（Andromeda）星云（如下图），那些视力上佳的人在晴朗的黑夜能看到它是仙后座（Cassiopeia）的W附近的一小块模糊区域。仙女座星云是离我们所在的银河星云最近的大邻居。即便如此，也有250万光年之远，所以我们看到的是250万年前的它，那时候人类还不存在。

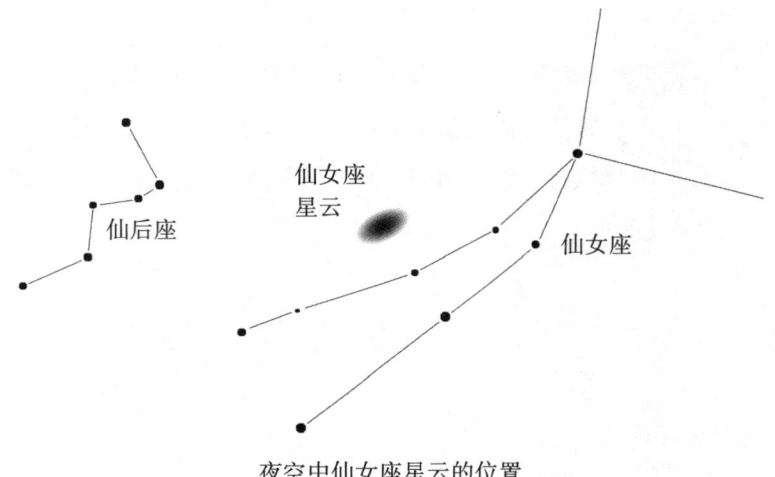

夜空中仙女座星云的位置

使用先进的天文望远镜以及一系列从X射线到伽马射线的无线电光谱（不仅仅是有限的可见光），天文学家可以看到数十亿年前的过去。但是这种观察依然有限，我们关于138亿年前宇宙的知识中，有很多都带有某种程度的推测，要依赖于很多非常间接的测量手段。

万物的起点

缺乏直接证据意味着宇宙起源的大爆炸理论面临着其他的竞争者。不过，目前来看，该理论能最好地解释目前的数据，因此受到了普遍认可[①]。根据大爆炸

[①] 值得一提的是，这是科学的本质。除了最简单的情况之外，科学不能找到绝对真理。通常科学找到的是基于当前证据的最佳支持理论，但是该理论总是可以修改的。

理论，宇宙的起点是一个小到不可思议的能量点。它就像电子一样没有维度，因此给我们留下了一些理论麻烦。不过，在起点之后的很短时间内，它就开始膨胀，用我们的物理学知识可以很好地解释这些经过。

起初的宇宙炙热又充满能量，根本不存在原子。但是物理学告诉我们（包括核武器爆炸在内的实验也证明），能量和物质是可互换的。当这个年轻的宇宙在几分钟大时，一些物质以原子核的形式诞生了。起初只有氢。许许多多，都是这种最简单的原子。简而言之，在那一刻，整个婴儿宇宙充满了足够的温度和压力，就像一颗恒星。

恒星是转变原子类型的工厂。恒星内部的热和高压给原子核施加了足够的力量，再加上量子物理学的一点帮助，原子核可以融合到一起，这个过程被称为核聚变。

目前最简单的核聚变过程（氢弹和大多数恒星的工作原理）是氢聚变为下一个质量更大的元素——氦。这个过程恰好在早期宇宙里大规模地发生。甚至有少量聚变过程产生了下一个元素——锂。不过这整个过程只发生了大约17分钟，接着这个膨胀和冷却的过程因为走得太远而停下了脚步。宇宙不再是一颗超级恒星。这意味着在真正的恒星形成之前，早期的宇宙大部分是氢，小部分是氦，还有一点锂。

如果宇宙的历史只有这些，你也不会存在。氢也许是你身体的关键组分。除了你最近用一个氦气球发出了可笑的声音之外，你的身体里面基本上没有氦的存在，只有非常少量的锂。早期的宇宙也没有同样关键的碳和氧原子，更别说那些更少的组分了，因为整个宇宙只有三种元素。坦白地说，这显得它极为无聊。但是引力发挥了它的作用，很快，在宇宙的时间尺度内，引力将一团团原子拉在了一起，形成了最早的恒星。

星尘工厂

起初，由充斥宇宙的气体形成的恒星不过就是像宇宙自己做的那样，将氢原子组装为氦原子。但是最终其他更重的原子开始形成。恒星不再限于从氢聚变中

What Do You Think You Are?

获取能量，还可以制造其他原子，往上一直到铁——元素周期表的26号元素。不过，这个被称为恒星核合成（stellar nucleosynthesis）的过程就到此为止了，因为再进一步将铁合成为锌所需的能量已经超过了这个核过程的能力。

得到铁后，我们获取你身体组成元素的状况已经大为好转了——实际上，你可能会缺失的第一种痕量元素就是刚刚提到的锌，它占你身体重量的0.003%。但是，要合成生命，我们还是面临着一个问题，这些元素在恒星的内部，那里可不是一个多么舒适的环境。幸运的是，一些老恒星变得不再稳定。它们向内坍塌，然后向外爆炸，形成无比壮观的宇宙景观——超新星。

超新星有两个好处。首先，它将更重的原子连同剩余的氢一起甩了出来，形成了气体和尘埃之云，有潜力形成行星（等会我们再解释更多）。其次，剧烈的塌陷会将原子更猛烈地推挤到一起，超越原来恒星的能力——足以生成质量接近铷的元素——元素周期表的37号。

极简人类史 变重

我们干得还不错，不过你的身体里还是需要少量的零碎玩意（不一定有益）。对于它们，我们还需要两个过程。一个过程牵涉二代恒星，它已经从之前的超新星那里获得了铁。这些恒星的质量一般介于太阳的一半到十倍重。尽管质量相对较小，但这些恒星一般比太阳大得多，它们被称为红巨星。最终这些恒星会抛射外围的部分，留下一颗小小的白矮星，将更重的原子送入宇宙。这个过程产生的元素可以一直到82号元素铅。

对于剩余的元素（在你身体里毫无价值），以及从银（47号元素）往上的元素，最近人们发现一个可能的来源是中子星合并。中子星是一些巨大恒星（约比太阳的质量大8倍）的生命周期终点，这些恒星有一个大部分为铁的内核，以后可以成为超新星。它们以后留下来的是一块纯由中子组成的物质，这些中子可以结合在一起，没有通常的原子内空隙。这使得中子星的密度极大，一茶匙的中子星物质大约有50亿吨的质量。

在宇宙中，恒星成对形成非常普遍，它们会互相围绕对方旋转。当一对中子星形成时，它们最终会因靠得足够近而螺旋地彼此接近并合并，这个过程会喷发出那些特别重的元素。

随着时间过去，一代恒星和二代恒星释放出来的尘埃与气体云在引力的作用下开始聚在一起。毕竟，引力永远存在——它没有限制。尽管尘埃之间的吸引力很小，但在没有什么阻力的情况下，尘埃颗粒开始运动，最终形成了一个旋转的碟形物质。形成碟形是因为旋转的缘故——很像将比萨面团拉成一块平坦的圆饼。数量最大的物质集中在中央，最终聚合形成了一颗恒星——在我们这里，就是太阳。下一步，聚集的尘埃和气体形成了行星。我们的太阳系有足够的重物质形成岩石的内行星，以及大部分为气体的外行星。

最终，我们得到了机会获得所有这些最后进入你身体的元素。早期的地球十分活跃，很好地混合了这些元素。重元素在引力的作用下主要沉积于地球中心——这也是铁虽然是地球最常见的元素却在地表相对较少的缘故。这为接下来发生的事情做好了准备。

原子无比奇妙，毫无疑问，它们是你的构成组分——但它们还不足以造就你。一块岩石也是原子的集合。当18世纪的瑞典自然学家卡尔·冯·林奈（Carl von Linné，更为人所知的是他的拉丁名字Linnaeus）第一次为自然世界推出他的分类系统时，他使用了拉丁文的两部分"二分类"命名法，比如智人（Homo Sapiens），他肯定对此心里有数。他将自然分为三大界：动物界、植物界和矿物界。不过，现在我们的区分更为明确。矿物界被排除在了分类系统之外，因为矿物没有生命。

我们需要往造就你的元素混合物里面增添下一样东西，那就是生命本身。不管它是什么……

4　如何点燃生命的火花？

如果让你去寻找是什么将"你"与一堆原子或物理结构区分开来，那肯定是你的生命。上一章各类估过价的元素组成了你身体内的所有物理结构——但是显然它们的排列和互相作用的方式产生了某种东西，使其迥异于一堆化学元素。然而生命是一个极难确定的概念。

生命到底是什么？

有很多东西的识别比描述容易得多，在很多情况下，生命就是这样的一种东西。我们可以看着很多物体，直截了当地说它们到底是不是活的。比如说，将有生命的一个人、一条狗和一朵水仙花和无生命的一块岩石、一根木头和一片塑料区分开来，非常容易做到。当然，这种区分并非总是那么明显。花瓶里的一束花是活的吗？种子包装袋里的一粒种子呢？假设我们拿出一种确定的活生物——比如说蛞蝓，这样我们就不会同情心泛滥——如果你将其切下一部分，这部分还活着吗？一个细胞呢？这是生命体的亚单位[①]。

如今我们可以在实验室里用一个原代细胞培养出一大堆细胞。最知名的人类培养细胞是海拉细胞株（Hela line），因《海瑞塔·拉克斯的不朽人生》（*The Immortal Life of Henrietta Lacks*）一书而闻名于世。拉克斯是一名宫颈癌病人，死于1951年。海拉细胞取自她的肿瘤，然后在实验室里培养生长[②]，成为癌症和艾

[①] 所有的活生命体都由细胞构成，细胞内有细胞膜包裹着被称为细胞质的水性凝胶，里面包含着一系列的分子和分子结构。后面还有详述。

[②] 有争议的是，尽管当时很普遍，但拉克斯和其亲属没有被告知其细胞会被使用。

滋病研究的重要细胞来源。因为海拉细胞是癌细胞，所以被称为永生细胞：它们与体内的正常细胞不同，可以一直分裂下去，产生新的细胞。目前海拉细胞的产出超过20吨。

显然海拉细胞不是一个人。但它们是活的吗？这个问题的困难之处在于对"活"下一个足够严格的定义。生命曾被认为是一种独立的力或流体，通常与气有关。人们笃定地认为是"生气"让我们活着——反映在"spirit"（灵魂、精气）这个词语的起源，也反映在其与科学术语"呼吸"（respiration）的联系上。

尽管生命精气（spirit of life）与真实的空气之间的联系在数百年前就已经不复存在，但是一直存在着一种理论，认为生命力是一种让生命体异于非生命体的能量。19世纪的苏格兰科学家麦克斯韦（J. C. Maxwell）在孩提时就抱有一个疑问："是什么在驱动它工作？"他的疑问反映出，人类粗略地知道能量是万物背后的驱动力量——认为生命的背后也具有某种关键能量就显得合乎自然，这种能量在"从未活着"的东西身上不存在，还可以离开"曾经活着"的东西。

某些传统医学（比如中医里面的"气"）和一些模糊的描述方式比如"生机勃勃"（full of life）认为生命力确实（有时候有点模糊）存在——但这并不是一种科学概念。显然，生命体使用的是标准、普通的物理能量，由食物与来自空气的氧气发生化学反应而产生——与燃烧的火焰产生能量的方式并无二致，而后者并非生命。很难将生命归因于某种神奇的额外能量形式，因为并没有证据证明这种现象存在。

最近，科学界开始用能量形式定义生命（不过与任何"生命力"无关）。我们在本章靠后部分将回顾这一点，但是基本上生物学家们专注于通过行为来识别生命。比如，生命体与岩石的不同之处在于，它会做自己的事情。当然，"做事情"还远远不够。天气也会做事情。这样说来，地震也会。但是两者都不是生命。相反，生命被归纳为一些关键过程——通常有七个过程。

这是真正的生命吗？还是只是过程？

传统的七大生命过程是运动、营养（消耗燃料产生能量）、呼吸（控制能量

What Do You Think You Are?

的过程)、排泄(处置废物)、繁殖、感觉(与环境互动)和生长。麻烦在于这些过程大部分都能在非生命体上找到,且可能在某些生命体上并没有全部的七大过程。

经典的"到底是不是生命"的例子是病毒。病毒并不完全满足这七条标准,因为它通过接管活细胞的生理活动而做弊了——例如,病毒只靠自己无法繁殖。有一段时间,病毒被言之凿凿地标记为"非生命",但是现在广泛地认为不能仅因为它们挟持了另一种生物就将其排除在外。

20世纪90年代,美国航天局NASA提出了另外一种识别生物的方式,要求生物是一种"能进行达尔文进化的自给自足的化学系统"[①]。这个方法更好吗?当然它的规定没那么死板,但仍然让病毒徘徊在所谓"自给自足"的边缘。在某种意义上,没有生物是自给自足的,因为它需要从外界吸收能量——它需要能源供给。鉴于此,或许我们可以给病毒一点空间。无论如何,我们都希望能在以下断言上达成一致:你活着,你的祖先也是如此。那么,这条生命链是从哪里开始的?

几个世纪以来,生命的起源之谜吸引着无数的科学家。早期的古希腊哲学家提出了生命可能是自发生成的观点,这种理论认为生命可以无中生有。例如,亚里士多德尽管认同(可能存在误解)有性繁殖的作用,但也允许生物没有祖先就能横空出世。看看他给出的自发生成的例子——例如,生命来自于腐烂的物质或者动物内部——可能亚里士多德的想法来自于这样一种现象:昆虫通常将它们几乎不可见的卵排在了这些地方,没多久貌似无关的幼虫就"自发"出现了。

只有采用更多的实验性科学方法,才可以否定自发生成论。例如,不去假设蛆虫是在腐烂的肉上自发生成,而是用盛着同样的肉的容器进行试验,一些容器向空气开放,另一些则密封。结果,只有开放的容器中才出现了蛆虫。这表明某种外部污染源——在这种情况下,是苍蝇产卵没有被注意到。

在尝试发现生命的本质时,生物学家们倾向于从上而下地接近,观察生物体并试图了解是什么让它们运作。不过,物理学家已经提供了不同的洞察视角,他们认为,能量从一个地方流向另一个地方,可以产生类似生命的结构,这一点甚

[①] 一个空间机构提出了生命的定义,这显得有点奇怪,就像生物学家设计航天器,不过当时的背景是寻找地外生命。

至能帮助我们理解生命本身的起源。

生命热力学

一般来说，物理学和生物学之间的互动相对较少。伟大的物理学家欧内斯特·卢瑟福（Ernest Rutherford）曾经针对生物学家对识别和分类的关注说过一句斩钉截铁的话："所有的科学要么是物理学，要么是集邮。"这可对物理学和生物学之间的交流没什么帮助。然而，奥地利量子物理学家埃尔温·薛定谔（Erwin Schrödinger）对我们理解生物学做出了相当大的贡献。1944年，薛定谔根据在他的家乡都柏林举办的一系列讲座出版了一本书。《生命是什么？》（What Is Life?）这本书将能量流以及叫做熵的物理现象一起作为生命本质的核心。

熵是热力学第二定律的一大特征。这个重要物理定律最简单的说法是，如果一个较热的物体与另一个较冷的物体接触，并且没有向该系统投入能量[①]，那么热量就会从热的物体传递到冷的物体。这个定律也可以用一种更有趣的方式来表述，即"封闭系统中的熵保持不变或增加"。熵是对系统中无序程度的衡量[②]。熵听起来是个有点模糊的概念，但实际上是一个精确的数学构念，反映了系统各成分的排列方式的数量。

如果你把这本书看作是一个系统，其中的字母是它的组成部分，那么要构成你正在阅读的这本书（忽略掉交换相同的字母），这些字母只有一种排列方式。而要想把这些字母重新排列成这本书以外的东西，方法则多得很。因此，这本书的熵比随机排列后的字母集的熵低得多。想象所有的字母都散落在书页上，快速摇晃一下，从书中有序的字母集合变成无序的字母乱码要比从混乱的字母集合变成有意义的书容易得多。

[①] "没有向该系统投入能量"这一点很关键。如果你可以将能量投入该系统，就很容易让热从较冷的地方流到较热的地方。你可能已经拥有这样一种惊人的装置，它的名字叫冰箱。

[②] 这里我们使用了很多次"系统"这个词语。它的意思是任何相互作用的事物的集合——你的身体就是一个系统。系统可以是封闭的，能量无法进出，也可以是开放的，与外界进行能量交换。你的身体是一个非常开放的系统。一些科学家认为系统有三个类型：开放、封闭和孤立。孤立系统的能量无法进出——封闭系统只阻止物质的进出——但我更喜欢更简单的分类。

What Do You Think You Are?

生物体需要大量的结构和秩序——所以它的熵比构成它的原子的随机集合要低。你可能认为你的生活是无序的，但实际上，从这些原子中制造你出来需要大量的秩序。薛定谔定义的生命是能够做到这一点的东西——能利用能量来对抗热力学第二定律的标准行为。

在《生命是什么?》中，薛定谔还提出，生物遗传将取决于一种"非周期性晶体"——一种可以在其结构中携带信息的分子。这将是一种晶体，它没有我们熟悉的像盐晶体那样的简单重复结构，而是有一个复杂得多的结构，使它能够携带一整串的信息。随着DNA结构的发现，这个预言实现了。而后来物理学家重新审视了热力学方面的问题，才开始明白生命最初是如何开始的。

汤和闪电

在开始讨论热力学方法之前，我们先来追溯一下20世纪50年代生命起源的一次探索，这次探索更偏向于由生物学驱动。如果你看过电影《弗兰肯斯坦》(*Frankenitein*)，你就会熟悉利用闪电的巨大电力来提供使生命诞生所需的最初动力的想法。有趣的是，在玛丽·雪莱的原著中，人们并不完全清楚电力的这种使用方式——1931年詹姆斯·威尔（James Whale）的版本才为我们提供了疯狂科学家在暴风雨之夜驾驭闪电的经典形象。斯坦利·米勒（Stanley Miller）设计的实验至少有部分灵感是来自于这部电影，他是芝加哥大学化学家哈罗德·乌雷（Harold Urey）实验室的博士生。

米勒实验（下图）的目的是在一个球形玻璃容器中创造早期地球环境条件的微型复制品，这个容器看起来如果放到《弗兰肯斯坦》的场景中也不显得突兀。米勒将电火花射向装有水蒸气、甲烷、氨气和氢气的容器，被认为能反映生命开始时的地球大气情况。放电代表着闪电，而闪电被认为是地球早期景观的一个常规特征，米勒希望它能提供启动生命的能量。

实验运行一周后，米勒对容器内容进行了分析，结果似乎不同凡响。米勒没有创造出生命，但是容器里发生了一些化学反应，产生了一锅有机分子的汤。在这里，我们需要对"有机"这个词稍加注意。抛开市场上用来表示以特定方式生

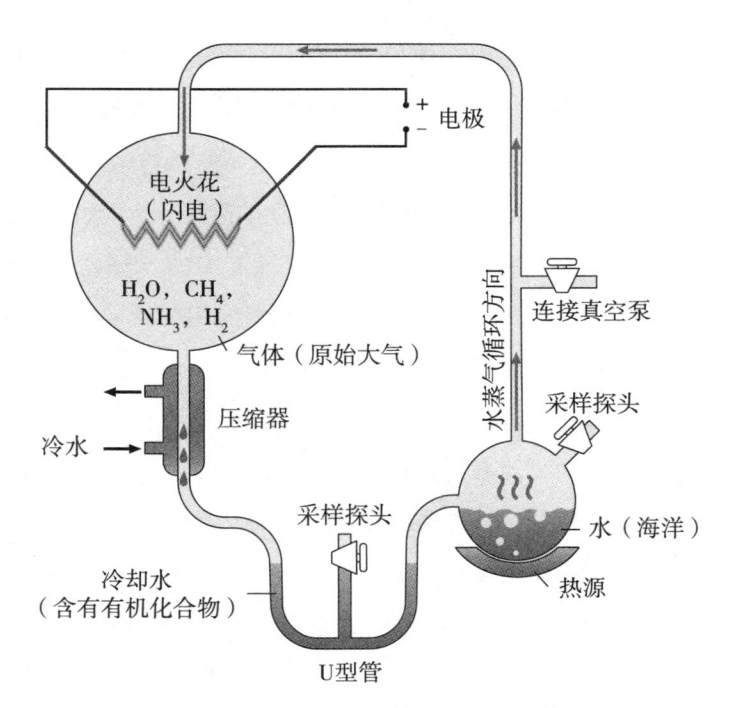

米勒-乌雷实验试图创造生命起源时的环境

产的商品不谈，我们倾向于将"有机"一词与生命联系起来。然而，在化学中，有机仅仅意味着一种含有碳的化合物——例如，实验成分之一，甲烷，就是一种有机化合物。

不过，汤中产生的分子比甲烷（只是一个连接着四个氢原子的碳原子）更复杂，最引人注目的是一种叫做甘氨酸的氨基酸。氨基酸是含氮的酸性有机化合物，其中20种可由DNA的遗传密码编码，用于构建生命所必需的蛋白质。甘氨酸是这二十种化合物中的一种。在当时，这被视为一个明确的指标，表明生命可以通过早期大气中存在的普通气体被电化而产生。实验的结果似乎在2007年得到了支持，当时科学家重新检测了一个密封的原始混合样品，发现里面含有一些以前没有检测到的氨基酸。

米勒实验的问题是，从中得出的结论并不真正科学——可能感觉正确，但不符合从实验结果到生命起源的逻辑路径。因此，这些结论现在被认为具有致命的缺陷。有一个方面一直是个问题。氨基酸对于我们所知的生命来说当然是必要成分——但即使与最简单生物体的复杂性相比，它们都是非常低级的成分。氨基酸

What Do You Think You Are?

相当容易形成——例如，它们存在于太空的某些区域。从产生几个氨基酸一跃到产生生命，有点像说我们一旦生产了一盒齿轮和螺栓，就制造了一辆汽车。两种情况下我们都获得了一些基本的组件，但还远远不是最终的产品。

后来的事情对米勒的实验更加不利，因为实验在设计阶段所作的一个基本假设是错误的。随着我们对年轻地球的性质有了更多的了解，可能的早期大气构成——水蒸气、甲烷、氨和氢的混合物已经被不同组分所取代。似乎当时的大气与现在的大气更为接近（尽管气体的比例不同，并且缺乏自由氧）：氮气、二氧化碳和水蒸气，再加上一些二氧化硫。

这样的大气层不太可能在雷电的影响下发生反应——即使它发生了反应，并且以某种方式开始了生命，这些也还不够。生命体需要一个持续的能量来源，这不是零星的闪电所能提供的。还值得特别注意的一点是自由氧的缺乏。氧元素存在于化合物中，但不是以一种我们认为有用的形式单独存在。需要生物的工作，将氧气作为一种废物排出，才能使地球进入你现在得以生存的状态。

叩问水晶球

当然，我们无法百分百地肯定生命从何时开始。现在我们最佳的指示剂来自硅酸锆晶体，又称为锆石[①]。正是由于锆石，我们现在知道了40亿年前的地球大气成分。当时的大气气体大部分由火山制造，火山喷发出的一些岩浆仍然可以在锆石中找到，这种晶体特别耐腐蚀。一些锆石晶体可以追溯到地球形成后约4亿年——我们能够确定它们的日期，要归功于放射性污染物的衰变速度，这些污染物是造成它们颜色的部分原因。

锆石在形成过程中善于捕获其周围的颗粒，包括氧化铈，氧化铈有两种形式：两种类型之间的平衡可以指示岩浆释放到大气中的气体成分。来自纽约伦斯勒理工学院（Rensselaer Polytechnic Institute）的科学家们表明，当时氧与碳、氢和硫的化合物在大气成分中占主导地位。关于锆石打开过去的能力，这仅仅是个

[①] 锆石不应与流行的钻石替代品立方氧化锆相混淆，后者是二氧化锆晶体。锆石也被用作宝石，特别是纯净的锆石被用作钻石替代品。但杂质通常使锆石带有一系列的颜色，从黄棕色到蓝绿色。

开始。

锆石晶体还为科学家提供了一个关于生命何时开始的理论。到目前为止，我们只能通过化石来观察早期生命。但是我们可以间接地利用锆石捕获的其他材料。碳有两种主要的同位素，即C_{12}和C_{13}（还有用于放射性碳测年的C_{14}，但比较罕见）。生物过程略微偏向于C_{12}原子，因此生命中的C_{12}和C_{13}的比例往往比自然界中的99比1要多。在西澳大利亚杰克山发现的41亿年前的锆石中截留的碳，其C_{12}比预期的要多。虽然不确定，但这很可能是因为这些锆石形成时已经有生命存在。

生命的工具包

那么这一切是如何开始的呢？这有点像用一个工具包制作手表。在这种情况下，你需要零件、适当的工具、组装说明、组装它和使它运转的能量，以及一个装它的壳子。对于生命来说，零件的对应物是构建一个有机体所必需的碳和其他的化学成分。就像钟表制造者需要能量来建造和保持时钟运转一样，生物体也是如此。一块机械表需要油来实现平稳的运动——也许生命中最接近其的对应物是催化剂，这些物质大大加速了对大多数生命过程来说都必不可少的化学反应。钟表壳的对应物能为本来只是一堆自由飘浮的分子提供结构——在细胞的情况中，它就是一种膜。

在最后两种情况中，手表与我们的DIY生命体更加不同。我们都知道，生命会产生废物。事实上，正如我们将在几页后看到的那样，这不仅仅是一种不幸的低效率，还是热力学第二定律的一个基本要求。这也适用于手表，只是手表产生的废物不那么明显，因为它是以热和声音的形式产生的，而不是生物排泄物。但有一件事是手表不会做的，那就是繁殖。虽然原则上存在不繁殖的生命，但我们所知道的生命是需要繁殖的，这意味着建造指令需要内置于生物本身，而不是像我们比喻的手表制作那样是外部的和独立的建造指令，并且这些指令还要能够传给后代。在地球上的生命中，这是DNA所发挥的作用。

难以想象的是所有这些东西同时随机地凑到一起，突然使生命出现。我在上

What Do You Think You Are?

面的例子中选择制作手表作为比喻并非随意之举。我之所以这样做，是因为神创论的最著名论据之一就是手表。这是18世纪英国牧师威廉·佩利（William Paley）使用的钟表匠比喻。佩利在《自然神学》（*Natural Theology*）一书的开篇是这样说的：

在穿越荒地时，假设我的脚碰到了一块石头，如果有人问我这块石头是怎么来的，我可能会回答说，据我所知，它亘古至今就躺在那里：很容易看出这个回答的荒谬。但是，假设我在地上发现了一块手表，如果有人问我，这块表怎么会出现在那个地方？我几乎不会想到我之前给出的答案，即就我所知，这块表可能一直在那里。然而，为什么这个答案不能既适用于手表，也适用于石头呢？为什么在第二种情况下不能像在第一种情况下一样被接受呢？原因在于，而且只有这个原因，即当我们检查手表时，我们会发现（我们在石头上无法发现的），它的几个零件是为了一个目的而构筑和组合在一起的。例如，它们如此构形和调节是为了产生运动，而这种运动如此调节是为了指示一天的时间；如果这几个零件的形状与原来的不同，大小与原来的不同，或以任何其他方式，或以任何其他顺序，而不是以它们原来所处的位置来摆放，那么机器中就根本不会产生任何运动，或者没有任何运动能满足它现在的用途[①]。

这个观点并不愚蠢。理查德·道金斯在他的《盲眼钟表匠》（*The Blind Watchmaker*）一书中雄辩地提出了一个理论，即我们所需要的只是进化和大量的时间，最终我们可以得到相当于手表的生物体，即活的生命体，所以佩利的逻辑现在往往被迅速驳回。然而，很难明白生命诞生所需要的所有这些要求如何能同时凑到一起——只满足部分要求没有丝毫意义。要么我们已经有了生命，要么我们没有。你不可能只活一点点。

然而，我们不需要像佩利那样唤起一个神灵来解决这个问题。我们可以做的是作弊。如果我们无法明白同时进化出生命开端的所有要素的方法，那么，如果我们可以用自然发生的替代物来代替一些要求，从而减少事情发展所需的复杂性，那会怎么样呢？一种强有力的可能性来自人们发现生命大量存在于从未预料过的地方，即在几乎没有阳光提供能量的海洋深处。

---

① 他们不再写这样的句子了。

创世热泉

在深海中，人们发现有些生命体依靠来自深海热泉（名字叫做"黑烟囱"）的能量生存繁衍。这些海面2 000米以下的热泉喷发出富含化学物质的高温热水。由于此深度的高压，热水的温度可以高达400℃而不沸腾。这种极热似乎不适宜生命生存，实际上这些热泉却是各种细菌的乐园，它们从高热中获取能量，还吸收热泉产生的矿物质。

除了能量和原料外，热泉还能在让生命自由移动的膜结构进化出来之前，提供包容生命体的关键结构。"黑烟囱"可以形成高达数十米的巨大烟囱样结构，而碱性深海热泉能制造出一个狭窄的空间，在生命体进化出自己的结构之前，包容其内部的各个部件。同时，水在这种受限通道中的持续流动还可以在生物内生的排泄机制出现之前帮忙带走废物。深海热泉产生的矿物质包括了金属硫，它可以作为原始的催化剂，加速生命所需的各种反应。

碱性深海热泉的温度低于100℃，具有一种由微小开口构成的网络结构，而不是巨大的烟囱，可以为生命提供潜在的起源场所。此外，这些热泉的碱性使其更容易发生氢和二氧化碳的化学反应，制造基本的有机结构。从无生命到生命之间的鸿沟十分巨大，但深海热泉提供了足够的条件，使得生命向着出现更近了一步。这就像我们的钟表工具包原来只有黄铜片让你制造齿轮和各种零件，而现在得到了预制好的钟表运动和钟表壳的各个零件，我们需要做的就是将它们组装在一起。

虽然这些生物理论有助于理解深海热泉的自然构造如何使得生命过程更容易启动，但我们还是不清楚生命本身从何而来。我们只是有了一个地球生命起源的证据——我们现在所发现的所有生物都存在联系——所以就是这个长达40亿年最终产生了你的过程的起点。正是在探索生命最初如何出现的努力中，我们回到了薛定谔的物理学生命理论，这次的拥护者是麻省理工学院的美国物理学家杰里米·英格兰（Jeremy England）。

What Do You Think You Are?

耗散的生命

英格兰对生命的视角是，生命的存在需要特定的物理条件，我们可以通过对热力学的理解来探索这些条件。他的方法是将一些广为人知的生命过程（比如复制）分解为其热力学后果，以探求类生命过程应该如何起源。具体而言，英格兰利用了一种叫做"耗散适应"（dissipative adaptation）的概念。

薛定谔指出，所有的生命都耗散能量到环境中，大部分以热的形式，从而增加了周围环境的熵。这是结构形成并根据环境进行反应（适应过程）的必要步骤，所以是生命的关键方面。英格兰的核心理论是，一种正在进化的结构能够通过增加周围环境的熵，保持在一种非平衡状态。

非生命体则会进入一种与周围环境平衡的状态。这意味着，用热力学的术语来说，进出这些物体的热实现了平衡。任一方向都没有净热量发生转移。例如，如果你在桌上放一杯热咖啡，随着时间过去，咖啡液体会与其环境达成平衡。因为环境与咖啡液体间的热量流动，咖啡会快速凉下来，而周围的空气（以及杯子和桌子）会升一点温，直到咖啡液体和周围环境之间的热流动达成平衡。它们最终都会变为室温——平衡点。

不过生命有所不同，或许这个不同让我们能给活着的真正含义下一个最好的定义。活物体与其周遭并不处于平衡状态，而是从外部来源获取能量（例如食物和阳光），并通常以热的形式将能量释放到外界。因此，生物体可以减少自然的熵，而其他地方的熵自然应该增加。生物可以生长、制造复杂的结构等等，直到其死亡，此时熵会增加，使其回归平衡。

杰里米·英格兰研究的不是生命本身，而是表现出这种非平衡行为的非生命自然现象，这种行为赋予了其部分类似于生命体的能力。两种以此方式形成的自然结构是雪花和沙丘，两者都在形成过程中将能量释放到环境中。在沙丘的例子中，沙砾被气流移动，但移动过程中会彼此碰撞，以热的形式将能量释放到环境中。而雪花的形成是一个化学过程：当水形成冰晶时，水分子之间的化学键形成会释放出热能。

没人在说雪花和沙丘与生命直接相关，但英格兰相信这些结构的形成方式，其与环境的相互作用，与生物将信息储存到DNA中的方式具有某些共同之处。英格兰的团队还通过化学反应模拟在一锅虚拟的相互作用的材料的汤里发现了其他的类生命行为，例如，某些化学物质通过自然选择占据环境，因为它们能更好地利用能量。

伦敦大学学院（University College London）的进化生物学教授尼克·莱恩（Nick Lane）指出了用纯热力学方法探索生命起源的局限性：我认为用热力学深入探索是可能的……必须存在一种选择机制。例如，如果生命本质上与熵的最大化有关，而不是自然选择，那么有人可能会想，动物或真核细胞（细胞核包裹有

雪花和沙丘的结构形成于与环境能量的相互作用

What Do You Think You Are?

膜的细胞，比如人类细胞）都极为善于熵增，那么就应该出现得早得多——而不是推迟了数十亿年。大致上，通往这种复杂水平不存在容易的选择路径，从而熵很长时间都无法"最大化"，因此，我不认为热力学是统治生命历史的驱动因素。

但是，如果认为这种新视角没有给生命的形成提供一个更全面的"起始工具包"，未免不太理智。尽管莱恩不认为我们应该过于看重纯物理学，但他在自己模拟最早细胞类型形成方式的研究中还是指出，正是热力学效应首先导致细胞的结构形成。他的模型中，由海床深海热泉提供的热所驱动的热力学维持着一种非平衡系统，有利于自我复制。

你的复杂程度

当然，从生命最初的火花到你的存在，中间还有很长的路要走。在生命出现在地球上最初的20亿年里，所有的生命形式都比构成你的大概40兆个复杂细胞简单得多。这些简单生命的数量在地球上占据了统治地位，大部分是我们熟悉的细菌。细菌是一个比你的细胞远远要简单的单细胞。但是并没有让其成为不成功的生命形式——你身体的一些地方也栖息着50兆到100兆个细菌，这只是地球全部细菌的极小一部分。

从这些简单得多的单细胞生物到复杂的单细胞生物是成为你的第一步——但是这在生命的起始阶段是巨大的飞跃。我们人类的细胞类型被称为真核细胞，其具有一个细胞核——位于细胞中央的封闭"指挥中心"，还有很多额外的细胞器，远比那些早期生命形式和现在的细菌复杂。据认为，真核细胞的起始点是一个共生点。

共生是指两种生物为了共同利益而互相帮助，一方有时候会为了帮助另一方而迷失自己。细菌所属的简单原核生物有一个分支叫做古细菌（archaea）。其名字的意思是"它们是最古老的生命形式"，不过这并不是说它们没有与细菌一起进化。据认为，在某个阶段一个古细菌吸收了一个细菌——但不是吞吃了它，细菌仍然活在了内部。为了报答容命之恩，细菌给古细菌提供了能量。随着时间过去，这个细菌的后代不再是单独的生物，而成为了一种复杂生物的某个功能部分。这个前细菌变成了线粒体，而增强的古细菌变成了真核物种。

在这次转变之后，这种增强型生物似乎得以发展出了一种在细菌或古细菌身上从未出现的复杂性，最终使其成为了所有真核生物的祖先，包括你在内。就像生命起源一样，现在只有这一过程曾经发生过的证据。所有的多细胞生物——所有动物和植物，以及所有真菌和藻类——都彼此联系，并起源于这个绝无仅有的祖先。如果这个古细菌没有和细菌合为一体，你就永远不会存在。

来自外太空

现在有种说法已经不流行了，不过值得一提——有一段时间有人提出生命根本不是起源于地球，而是来自太空。这个想法并不是天马行空的科幻小说。宇宙中有很多地方适宜生命的启动，那里肯定有基本的有机分子，某些初级生命形式活着穿越太空坠落地球也是可能的[①]。

这个假说叫做"有生源说（panspermia）"，在19世纪末期颇为流行，20世纪两个重要的科学家又将其拾起进行了拓展，这两人是弗雷德·霍伊尔（Fred Hoyle）和钱德拉·威克拉马辛赫（Chandra Wickamasinghe）。他们还认为很多流行病也是由天外来客引发。有生源说的证据很有限，也无法解决"生命如何启动"的问题，只是简单地将之推卸到另一个地方。然而，有生源说并非毫无根据，不应完全被鄙弃为可能性极小的事件。

不论生命最初以何种方式出现，它都启动了一条长长的存在链，导致了智人的进化和最终你的出现。我们一直都特别小心这种话题的用语，"导致"会被理解为带有某种方向，就好像人类是进化的方向一样。但此处"导致"的意思，更像是一个弹珠穿过弹球机到达任意终点——也就是你。到达这个终点还需要输入一些要素。没有你食用和饮入的那些东西，你也不会出现在那里。

[①] 2019年4月，以色列太空船"创世纪号（Beresheet）"强行着陆在月球。该飞船携带了数千只水熊虫，一种长度小于1毫米的小生物。水熊虫可以通过脱水状态忍受极端的冷热温度，提示这些月球水熊虫在回收和补充水分后活过来。

5 吃什么，你就是什么

根据温彻斯特公学（Winchester College）以及牛津大学新学院（New College）的格言所言，"仪态方能造就人"（manners makyth man）。尽管这个中世纪单词"makyth"十分讨喜，但在造就包括你在内的人类的过程中，可能更为现实的说法是水和能量扮演着关键角色。

水不可能短缺

我们都知道干旱带来的灾祸。人体十分依赖水分，缺水几天就会死亡。因为呼吸、出汗和排泄，我们一直在失水，而水对人体细胞的存活至关重要，缺水会比食物的缺乏更快地让我们死亡。缺水的环境常常会给个体和社区带来灾难性后果。不过，从逻辑上来说，地球缺水的想法不太合理。

目前地球上生活着77亿人。人很多——人口数量在我一生中增加了一倍。不过如果与地球上的水量相比，这个数字会突然显得小得多。在我们关注数字之前，先想一想从太空看到的地球景象。我们将之描述为"蓝星"当然不是无中生有。水在海洋中和云层中的存在一目了然。地球上总共约有14亿立方千米的水量①。

很难理解这个数字，不过这大约是每个人能分配到约0.185立方千米的水。也就是每人185 000 000 000升水。我们一般每天需要约2升水（其中半数来源于食物）——所以需要2.5亿年才能消耗完——这还是在只消耗并不将其归还到环

---

① 必须承认，14亿立方千米与地球的1兆立方千米体积比起来并不显得大。地球表面薄薄的水层只占总量的七百分之一。但这也是巨量的水。

境的情况下。实际上，一个成人的身体保留的水大约为45升，更多的水将不再被摄取，其他的水会进入循环。

你可能听说过我们消费的水比我们饮用的水量要高得多，特别是在西方——这是事实。我们每个人每天要使用5 000～10 000升水——部分是通过我们的活动，更多的是由于我们消费的产品。据估计，制作一个汉堡包需要3 000升水（喂牛），生产1千克咖啡豆需要20 000升水。不过再一次，我们必须指出，这1千克咖啡豆几乎不含水。如果我们谈论的是系统所获取的水，它们大部分都会进入自然循环。

那么，似乎每个人都享有巨量的水，甚至我们"使用"的少量的水也会立即归还。说水是稀缺商品显然大错特错。问题不在于缺水，而在于我们中的很多人生活在水不易获取的地方，而且世界上绝大部分（约97%）的水是咸水，不是可饮用的淡水。这两个问题都可以克服——但需要消耗能量。可以说，水不短缺，短缺的是能量。

能量——无论它是什么

这恰好把我们引向了你作为生物机器运转的另一个要求。能量的概念来自物理学，在物理学中使用这个词语时我们大概都知道它是什么意思，但真的很难描述它到底是什么。20世纪伟大的美国物理学家理查德·费曼沮丧地说过："在今天的物理学中，我们不知道能量是什么。"这一点到现在什么都没有改变。当我们在日常生活中使用这个词语时，它大概是个表示使事情运转的动力的松散概念。能量通常与运动有关，要么是行驶车辆的动能，可以在碰撞时造成巨大损伤，要么是热能，我们可以在构成周围物质的原子和分子的运动中体验到它。

我们还会说"势能"。这实际上是指以诸多可能方式储存的能量。我们最熟悉的势能可能是从学校学到的重力势能。如果我们将一块巨石推到山顶，需要做功——通过位置的变化将能量转移给这块巨石。到达山顶后，我们就将我们制造的部分能量（其他大部分以热的形式散失）储存了起来，如果放手使石头滚下山坡，这部分能量就能释放出来。

What Do You Think You Are?

这是最为简单的势能——但是乍看之下还有很多种其他形式。例如，使手机运行的储存在电池里的电能，或者卷曲弹簧的储存的能量。而使你运转的最重要能量是食物中的能量。恰好，这三种势能都依赖于化学能——化合物的原子间的键中的能量——归根结底是一种电磁能①。

电池中，电池部件中的化学能被用来驱动电子围绕电路运动。在弹簧中，原子间的电磁键被拉伸——这需要消耗能量，能量被储存，在这些电磁键回到正常状态时被释放出来。我们的食物中，情况和我们烧东西时一模一样，储存在原子键内的能量在这些键断裂时释放出来。通常，你的食物被消化系统分解为更小的分子，然后经历一个被称为呼吸的过程。

缓慢的燃烧

呼吸是一种缓慢的燃烧形式。我们通常会将燃烧与火焰相联系，所幸消化过程不涉及火焰。燃烧实际上指的是燃料与氧化剂（通常是空气中的氧气）之间发生化学反应，打破化学键而释放能量。这些"键"不是我们日常用语所指的物理连接，而更接近于磁铁间的吸引力。

我们介绍过，组成万物——包括你的食物——的原子具有一个带正电的原子核，被一朵带负电的电子云包绕。当两个或多个原子结合在一起时，它们要么共享电子，要么一个原子失去一个或多个电子给另一个原子。在后一种情况中，结果就是一个"离子"（获得或失去电子的原子）带上了正电，而另一个带负电。这些电荷相反的分子彼此吸引。

这些化学键可以储存能量，断裂时释放能量。在你的身体中，这个过程一直在发生。食物中的分子与氧结合，产生的能量储存在一种被称为三磷酸腺苷（ATP）的特殊分子中，这种分子被用来在需要时将能量转运到身体各个部位——从你的大脑到你的肌肉。这也是线粒体大显身手的地方。

---

① 有一个相当令人惊讶的例外：拉伸橡皮筋时储存的能量。当橡皮筋被拉伸时，构成橡皮筋的自然扭结的分子会变直。这些分子在热能的作用下自然震动和摇摆。结果，分子们彼此碰撞，使其回到扭结形式。所以，使橡皮筋储存势能的是热能，而不是电磁作用。

我们介绍过，有时候被称为身体动力来源的线粒体，据认为曾是一种独立存在的细菌，后来被整合进入了真核生物的细胞。线粒体用氧和燃料分子发生反应，制造大量可以反复循环的ATP分子。这个过程的规模十分巨大，你的身体每天循环的ATP大概有你的体重那么重。呼吸过程释放的化学能被用来推动质子——氢核，穿过一种膜，建立一种电位梯度。结果，线粒体里面的分子机器可以利用膜的一边比另一边具有更多电荷这一点来推动ATP的制造。

度量我们的能量

我们将食物视为我们主要的能量来源，那么还得研究一下我们使用的能量计量单位，因为食物涉及的能量单位特别混乱。标准的能量单位是焦耳。一个额定功率为1瓦特的电气设备每秒钟要使用1焦耳能量。瓦特是一种能量单位——能量的传输速率。这导致能源公司使用了相当奇怪的千瓦时这个单位。一千瓦时就是一个小时——3 600秒——用一千瓦，所以就是3 600 000焦耳。以千瓦时度量能量，就好像用"每小时千米·小时"来度量距离。

好消息是我们不用千瓦时度量食物的能量。坏消息是焦耳也很少被使用。食物的能量往往以卡路里（calories）计量，这是一个焦耳被引入之前的科学单位。1卡路里相当于4.184焦耳。因为焦耳是一个比较小的能量单位，所以当在包装袋上标记食物能量时，往往使用千焦，记作"kJ"——一千焦耳。同样，当以卡路里标记时，也会使用千卡（kcal）。但是，让事情变得真正混乱的是，之前人们不是很熟悉"千"作为前缀的用法，所以千卡被习惯性地误标记为大卡（Calories）——C大写的卡路里[①]。

了解一下食物的能量很重要，因为就像水的情况一样，地球周围的能量很充足，但大部分要么不在适当位置，要么就不是以易用的形式存在。从很多方面来讲，植物在这方面要优于人类。它们可以直接从太阳获取能量；除了潮汐能、核能和地热能，我们这颗行星的几乎所有可用能量都来自太阳。

[①] 食品制造商常常忘了这一点，称千卡为"卡"，这显然是错的。

What Do You Think You Are?

我们习惯将太阳视为一种光源——但是如果没有太阳，人类不可能生存。太阳将地球的温度维持在适宜范围，使得水在大部分时间呈液体状态，它还通过光合作用给植物提供其所需的能量。阳光的光子的能量在植物内的特殊反应器里被转换为化学能。这个过程不仅养活了植物，还供应了最终抵达我们的能量储备，要么是通过我们自己直接食用植物，要么就是通过食用另一种从植物获取能量的生物。

那么，需要多少能量才能维持你身体的运转呢？每个人每天平均需要约9 800 kJ（2 350 kcal），不过根据你的生活方式、年龄和性别的不同，存在相当大的差异。一个承受中等强度劳动的典型成人男性需要约10 450 kJ（2 500 kcal），而一个承受同等劳动强度的典型成人女性需要约8 400 kJ（2 000 kcal）。平均而言，我们每天消费的能量多于10 500 kJ（2 680 kcal），但是国家间的差异很大。例如，典型的美国人大约每天消费15 000 kJ（3 600 kcal）——但只有在极高强度下的锻炼水平，这才是理想的摄入水平。

极简人类史 食物充足

好消息是地球的食物十分充足。全世界平均而言，我们生产的食物足以为每个人每天提供约25 000 kJ（6 000 kcal）——远超所需。但是有三大障碍导致了我们经常在新闻上看到的食品短缺状况。和水一样，食物的供需常常出现错配，大量的食物被浪费，而且接近半数不是由人类食用。在某种意义上，就像水的浪费一样，实际上食物并没有损失掉。食物的原子继续存在，还可以重新变为新的食物——所有的食物都可以循环。但是浪费的食物需要花费时间去回归土壤和大气，新的庄稼也需要花费时间生长。结果，浪费变成了麻烦。

在这总计25 000 kJ的能量中，大约14%被用来制造生物燃料。关于这个主意是好是坏，确实显得非常复杂。从气候变化（关于此，后文还有论述）的角度来看，生物燃料有一定意义。人们用来制作燃料的是庄稼。其过程相当环保，因为庄稼中所有的碳都来自空气——所以生物燃料比煤、石油或天然气对环境更"友好"。（这些燃料不完全环保是因为作物使用的肥料以及在作物种植、运输和处理过程中会制造温室气体。）不幸的是，生物燃料常常是可食用的作物，或者其种植的土地本可以用来生产养活人类的作物。即使抛开这一点，生物燃料的优点也很有限，因为这是一种低效地利用太阳能的方法。同样的面积，一块地里收集的太阳能使一辆电动车行驶的距离，是靠这块地里生产的生物燃料使一辆生物燃料车行驶的距离的200倍。

  30%的食物总产量被用来喂养动物。当然，这些食物并没有浪费。这些动物大部分被用来吃，或产蛋或产奶，自身也能生产食物。不过，这也意味着，因为从太阳到食物能量到你的这条链又多了一环，所以传输的能量也少了许多。平均而言，与直接食用庄稼相比，食用这些庄稼喂养的动物肉所获得的能量只有三分之一。目前从植物到人类的最糟糕的食物能量转换方式是牛肉。当然，并非所有喂养动物的植物都能给人食用，而且那些不适宜人类食用作物生长的土地上生长的作物，还可以给动物食用，例如高山牧场的绵羊。这意味着我们需要取得某种平衡，任何认为你应当为了环保而完全放弃肉食的人，更多是在感情用事，而不是用逻辑思考。

  那么食物浪费该怎么办？我们从新闻媒体中看到大量关于我们丢弃食物的报道，这一点很有道理。我们太过于热衷在食物刚刚过期时就丢入垃圾桶——这个过期日期是零售商为了将产品下架而随意定下的，很少真的是食用的安全日期，特别是水果和蔬菜，在过期之后很多天常常还能食用。如果我们不再在非必要时丢弃食物，这就是一种双赢行为，因为这样既能避免浪费又能省钱。大约4%的食物总能量以这样的方式浪费了。更多一部分能量——7%是在配送和处理的过程中浪费。

  我们所食用的食物并不等于我们所需要的食物。尽管有人争辩我们只应该食用我们所需要的食物，但这完全没有必要。从我们自身的角度来说，接近于所需用量当然最好，但因此建议我们不应偶尔享受一次大餐，那显然大煞风景。然而，如果我们（特别是持有西方饮食习惯的那部分人）大部分时间都保持在接近每日所需量，我们就能有效地减少浪费，还能变得更加健康。

What Do You Think You Are?

喂饱全世界

在上面提到的三大障碍中，我们还未能克服最麻烦的一个。由于经济、政治和能源（也会反馈到经济因素：使用能量将食物从富饶之地运输到贫瘠之地需要花钱）的原因，食物到不了需要的地方。虽然紧急援助是必要的，但是，如果那些因为经济问题无法获取食物的地区能获得帮助而提高经济，肯定要好得多——不过最难对付的麻烦是政治问题：政府或叛乱分子阻碍贸易、限制外部市场交易或采取激进措施使得该区域陷入战争，使得食物的运送变得几乎不可能进行。

从能源数据中可以清楚地看出，问题不是食物不够。即使到达世界人口估计峰值的110亿（预期在2100年达到，之后将开始下降），这也不应该是一个问题。但是，因为那些我们已经讨论过的不足，我们应该更加努力地让食物变得更便宜、更易得。一个问题是环保运动阻碍转基因作物的推广。转基因作物既可以增加产出，又可以提供更多的营养。从农业出现那天开始，我们就在改造作物的基因，不过改造机制与转基因作物不同而已。当然，管控是必需的，但粗暴的禁令（比如欧盟颁布的那些）伤害的却是那些从更好、更易得的食物中受益的人。

将足够的食物送到需要的地方，也要应付你的内在能源需求——为你的身体运转真正所需的能量。但是，特别是在现代世界，你的能源需求可能很广泛，你需要能量给你提供光热、交通、交流（包括互联网）、娱乐等。在理性评估你的能源消费需求之前，我们需要考虑这个方面。

那么，有一个问题不容忽视——气候变化。尽管有些政客和工业游说团体持有不同意见，但科学界在气候变化上达成了坚定的共识。它是存在的，且主要由人类活动造成，如果不加控制，就会在全世界造成普遍的灾难，不过这种影响的恶化速度到底有多快当然还存在争议。如果你"不相信"气候变化，要说服你很难。所有证据放在面前还否认人造变化的存在，这意味着逻辑不起作用了。但是不管怎样，请继续读下去。因为能量是你存在的关键之处，而气候变化将愈来愈对造就你的一切造成影响。

气候变化正发生

从2000年以来，全球6月的平均气温只有一年没有超过前一年（2014年）——而2019年继续了这一趋势，比前面任一年都高得多。极端气候事件的频率正在增加。我们当然不可能将任何特别的事件都归咎于气候变化，但在接二连三的事件发生之后，再将其归为反常事件愈发困难——一旦它们变成常态，就不再是反常事件，而是对气候的真实反映。

人们总是混淆天气和气候。天气是我们日常感受到的东西，例如，一次下雪或一个寒冬并不能说明整体的气候如何。实际上，气候变化远比单纯的"一切都变得更暖"更为复杂（所以现在更少使用"全球变暖"这个表达方式了，因为会引发困惑）。气候变化当然会表现为平均气温增加，比如那些6月份的数据，但更意味着更多的暴雨、更多的干旱和更多的寒冬。

至于对日常生活的影响，北欧和北美的人们相对幸运。气候变化可能会使某些地区受益，例如，北欧的气候变得更像南欧——但即使在那里也会产生麻烦。例如，热浪造成的死亡正在上升，而像疟疾（19世纪的连续寒夏使其在英国灭迹）这样的疾病会回归。而在世界其他区域，即使平均气温只上升几摄氏度也会导致持续的干旱、失控的野火、灾难性的飓风……

最为普遍的影响可能是海平面的上升。这存在着两个原因：当前最大的原因是海水会随着平均气温的上升而扩张，而另一个原因是气候变化的典型例证：冰川融化。目前这个过程相对较慢，但的确存在更大后果的可能性。北极的问题不严重，因为那里的冰川浮在海上，所以即使融化也不会使海平面上升。即将发生巨大灾难的是南极和格陵兰岛，那里的巨量冰川位于陆地上，融化入海将造成极为悲惨的结局。

以格陵兰岛为例，那里的冰川远超大部分人的想象。"格陵兰岛冰层"听起来像是一个无关紧要的小岛上的一层薄冰，不会引起多少麻烦。但这个"薄冰层"大部分地方的厚度都超过了2千米——是英国最高峰本尼维斯山（Ben Nevis）的一半高度。而且它覆盖了超过130万平方公里，是法国和西班牙的面积之和。

What Do You Think You Are?

那里的冰川正在融化，融化的速率正在加速。2012年人们估计每年损失的冰川已经是2003年的四倍。

到2016年，格陵兰岛一年已然要损失约2 800吨冰川。虽然十分巨大，但这些冰川以这个速度要消失还是需要几百年。然而，情况可以变得更为糟糕。不是所有消失的冰川都只是融化然后奔流入海。如果冰川出现裂缝，融化的水会灌进去，吞噬掉冰川的底部，造成整块冰层滑入海水中。如果整个格陵兰岛冰层掉入海洋，海平面将上升约7米。

同样的逻辑如适用于南极，那里的巨大冰川也会遽然入海。如果整个南极都失去了冰川，那么海平面会上升57米。显然，这是极端事件。但是即使海平面只上升5米，也会威胁英国大部分地区和海岸，淹没像伦敦和纽约这样的海岸城市，对低洼海岸地区比如欧洲的荷兰和亚洲的孟加拉国造成灾难性的后果。1998年的一次暴风雨使孟加拉国65%的地方都位于水下——海平面上升得越多，暴风雨就会使水面变得越高，这个国家的大片地区就越可能被灾难摧毁。

在生命的温室中

海平面和能源消费貌似没什么关系——但正是我们的能源生产方式造成了人为的气候变化。能源生产会制造温室气体，这种气体有一个偶尔有益的特性，即让太阳的能量易进难出，从而起到温室的作用。最为广为人知的温室气体是二氧化碳（CO_2）。值得一提的是，大气中的二氧化碳并不意味着一件坏事。这种气体来自含碳化学物质的燃烧，比如烧煤、烧油和烧气或者食用食物。CO_2对一个适宜生存的世界来说很关键，其中有两个原因：一个原因是植物——世界食物循环的核心——依赖它。我们介绍过，植物从太阳获取能量，但它们需要碳制造新细胞，如此才能生长。这些碳来自大气中的二氧化碳。极为凑巧的是，我们制造的废物是它们的关键营养物质。此外，植物吸收碳之后还能释放氧气——又是动物生存的关键。这是一种大规模的互惠合作（见下图）。

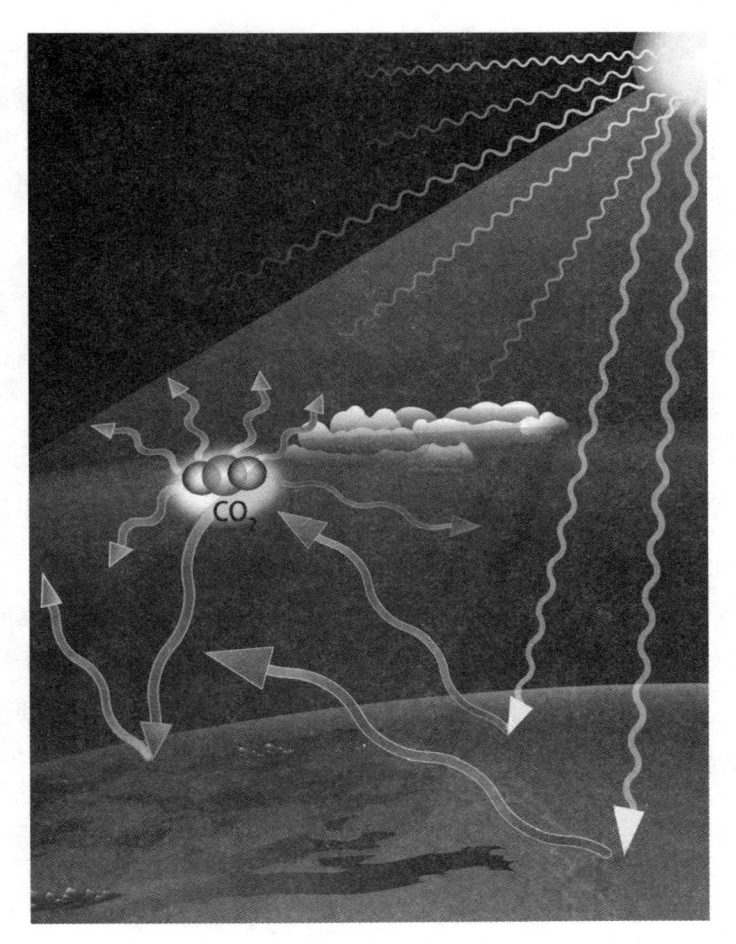

来自地球的红外辐射被温室气体如CO_2在吸收后又重新发射，一部分辐射回地球

奇怪的是，二氧化碳的另一个关键正面作用在于它是一种温室气体。如果没有它的温室气体作用，地球就会很大程度上变得不适宜生存。温室效应使得地球的平均气温从寒冷的−18℃变为温暖惬意的15℃。这是生死之别。在没有温室气体的气温之下，液态水将变得罕见，而生命可能无法存在。

那么，拥有一些温室气体对于生命总体特别是人类来说是一件大好事。但是海平面从19世纪以来就在上升，而且正在危险地加速。不仅仅只是二氧化碳。水蒸气和甲烷都是比二氧化碳更强大的温室气体，同样体积就能造成更多变暖效应。甲烷的温室效应大约比二氧化碳强23倍，农业和永冻土都能释放它。冻区锁定了大量的甲烷，随着气温上升，存在释放加速形成正反馈效应的危险。

What Do You Think You Are?

另一种农业温室气体是一氧化氮。这是一种特别有害的温室气体，因为它在大气中停留的时间比二氧化碳长得多。在100年的期限内，一吨一氧化氮对气候变化的作用比一吨二氧化碳约大300倍。如果过度使用化肥，一氧化氮的释放将是个特殊的麻烦。

农业总共贡献了全球温室气体排放的五分之一。除了化肥，很大一部分来自绵羊以及牛制造的甲烷。（甲烷常常被归咎于牛放屁，其实反刍类主要通过打嗝排出其胃里细菌制造的甲烷。）我们可以通过少吃肉来减少这种影响，特别是牛肉。不过，几乎完全去除牛制造的甲烷是可能做到的。

有两种方法，都需要针对牛胃里的细菌。袋鼠很少像牛一样排放甲烷。换成吃袋鼠肉是种办法，但更易接受的方法是把袋鼠的肠道细菌移植到牛身上。而更容易的做法可能是利用红色的海藻海门冬（Asparagopsis taxiformis）。

这种生物储存着一种天然的名叫溴仿的化学物质。据发现，仅仅向牛的牧草里添加1%或2%的红藻，就能降低约99%的甲烷排放。溴仿似乎能干扰细菌制造甲烷的酶。这还有双重好处。除了减少大部分的牛温室气体排放，据估计牛的食物有15%浪费在甲烷制造上面。似乎采取这个步骤也能降低牧牛业的能源消费（和成本）。

你的温室气体排放

为了了解一下改变我们的饮食（或牛的饮食）对温室气体排放的影响，有必要评估一下你个人每年（直接和间接）生产了多少温室气体。毕竟，整件事就是为了弄清楚是什么造就了你——而在现代世界中，你的能源使用情况就反映了你每日的所作所为。这一数据通常以"公吨CO_2当量"表示。"当量"反映了CO_2不是唯一的温室气体，其他的气体如甲烷也被转换成了CO_2的当量，以计算整个温室气体的总和。

一个普通的英国公民每年产生约7.4公吨CO_2当量。不同国家的数值差异很大，取决于居民的典型消费状况以及国家的发电方式。例如，一个普通的美国公民每年产生约20.2公吨CO_2当量，普通的澳大利亚公民产生22.8公吨当量（澳大利亚极为依赖煤发电），普通加拿大公民为19.4公吨当量，德国人是11.1公吨当量，瑞典人5.4公吨当量，印度人1.8公吨当量。考虑我们的饮食贡献，如果一个典型的食肉者换成素食饮食，就能每年减少约0.8公吨当量的贡献。

对很多人来说，交通运输使用的能量对气候变化的贡献比饮食大得多。私人汽车的平均贡献是2.4公吨当量一年。换成电动汽车（不过电动汽车在制造过程中排放的二氧化碳比普通汽车的高得多）或者更多得使用公共交通可以减少这一项排放。例如，如果你完全把自驾出行换成公交车，你一年就只贡献约0.6公吨当量。

如果你经常坐飞机出行，就会贡献更多的温室气体。不仅因为载你飞上蓝天需要大量能源（除了非常短的飞行距离，电动飞机仍然极不可行），还因为飞机在高空排放同等的温室气体对气候会产生更大的影响。因此，一次典型的长途往返航班产生的排放几乎与使用一整年的小汽车一样多。

在旅行排放方面，最大的进步来自我们换成电动交通工具出行——火车最佳。但是，这假设了发电本身不会排放温室气体。对于风能、太阳能、波浪能、地热能、氢能和核能来说的确如此，但如果使用的是煤、天然气和石油发电，就当然不是这样了。这些燃料还要用来供暖以及工业使用，它们仍然是最大的排放因素，特别是在那些高度依赖于火力发电的国家。

毫无疑问，太阳能电池板需要扮演关键的角色。随着技术进步以及新品种的引入，太阳能的价格一直在下降。太阳能是最符合逻辑的能量来源，因为它直接利用了我们太阳系的能量源泉——太阳。如果有合适的储能方式，像美国这样的国家可以很容易用太阳能满足他们的整个能源需求。

不幸的是，太阳能并非处处皆可适用。例如，英国就不可能完全依赖这种技术，因为那里只有在夏天才能收获可靠的太阳能。我们可以从风能和波浪能中获取更多——但是我们可能还会留下能源缺口。原则上，可以通过从其他地方比如北非进口太阳能来填补这个缺口，那里的太阳能潜力巨大，也拥有足够的荒置土地——但是依赖能源进口存在严重的政治风险。这意味着，从短期到中期来看，尽管存在缺点，但核能仍是减少我们对产生温室气体的燃料依赖的最佳选项。

另一个办法是更努力地使用碳捕捉和储存技术去除化石燃料的排放。可以从发电站的排放气体（甚至空气）中提取二氧化碳，并将其埋藏在地下深层。这一

What Do You Think You Are?

技术已经切实可行，但目前比较昂贵，且需要更多的研究和发展来使其实现商业上的可行性。

储能上的未雨绸缪

前面我们相当快地跳过了一个重要的条件，"如果有合适的储能方式"。这是我们最需要研究的领域之一。更好、更便宜的电池对于制造主流电动交通工具以及平衡像太阳能和风能这样的能量输出都很关键。我们有其他的储能方式，例如，北威尔士的迪诺威克（Dinorwig）电站能将水泵入一个高处的水库，当用电需求大增时泄洪驱动发电机发电。像迪诺威克这样的电站储存的是重力势能，而不是化学势能。不过重力储能是一种有限的解决方案。

我们也许需要更多的重力储能，但水库大坝会造成环境问题，而且随着电池技术的提高，更小、更本地化的电池储能站将发挥更活跃的作用。另外一种选择是氢气。从气候变化的角度来看，氢气是极佳的燃料，因为它燃烧时只产生水——没有 CO_2——因为氢燃料里面没有碳。人们曾经热衷于氢燃料汽车，但它其实存在几个大的缺点。

首先，氢气可不是能给大众使用的安全材料。它能发生爆燃（从兴登堡号氢气飞艇的灾难可以看出）。而且建立一个供应全国加气站的氢燃料网络十分昂贵。（在我写作时，英国只有几个氢加气站。）但是如果氢气被用作发电站的能量储备介质，这些都不是问题。多余发电能力可以用来将水分解为氢气和氧气，氢气可以储存起来，需要时用来发电。氢气储能可能在未来的能源网络中发挥作用。

值得一提的是，即使我们能魔术般地将所有的发电方式在一夜之间换成绿色发电，我们也不能放弃使用化石燃料。抛开交通不谈，举一个例子，在英国，83%的家庭目前在用天然气取暖。这大约是2 300万处房屋。剩余家庭使用石油。工业上也在大量使用化石燃料。那些参加了2019年"反抗灭绝（Extinctin Rebellion）"抗议活动，要求英国在六年之内去碳化的人表现出了令人担忧的无知，这是原因之一。要替代所有的天然气供暖系统需要比六年长得多的时间，而且目前来看房主没有动力这样做。除了要让这种改变在财政上可行之外，我们还需要足够的绿色发电，拥有更好的电供暖系统。

关于你的个人能源消费以及其对环境的影响，最后一个关切涉及这其中两个因素的合并。我们知道农业造成了大额的温室气体排放，交通运输也是如此——那么食物的运输呢？"食物里程"这个概念——食物运送到你的餐盘的距离——通常被用来突出使用本地生产食物的优越性。但这个概念并没有看似的那么直截了当。

通常，本地生产的食物更新鲜、更好吃。这是件好事。但是仅仅因为食物从别处运来并不一定意味着就会导致更糟糕的碳排放。从一个远方国家航空运输食物总是糟糕之举，但与室温下用供暖温室种植热带食物相比，运输的碳影响相对较小，碳排放也更少。而且在需开车几公里到达的采集农场的一些新鲜食物产生的排放与走路去超市购买长途运输的食物差不多。

那么，你消费的能源不仅影响着你的生活，还影响着更大的世界。在写作的此时，欧洲的年轻人正在举行大规模的气候变化抗议活动。他们正确地指出这是人类面临的最大威胁之一。但是将此描述为世界末日，要求不可能实现的改变，并不能帮助我们。我们需要记住，我们在生活中使用的能量是一个整体——像一些抗议那样要求我们一夜之间完全改变社会毫无道理。应对气候变化所需做出的改变十分巨大，需要时间。

鉴于这种情况，我们不仅要努力减少我们的温室气体排放，还要努力消减气候变化的影响，并将过多的温室气体从大气中去除。这些领域无关于我们现在探索使你运转的个人能源需求这个任务，但是从更大层面来说极为重要。

不过，就现在而言，既然你的能量、食物和水需求已经得到了满足，是时候转向另一个关键因素了。你的物种——智人——是怎么出现的？

6　另一种猿

我的孩子上中学时，有一堂课是要求他们制作介绍大猩猩的海报，宣传我们真的需要保护这种神奇的动物，因为它们是我们的祖先——因为我们从它们进化而来。实际上，我们不是——而我们前面介绍过，我们确实从与其他类人猿的共同祖先进化而来。通过回溯化石记录，我们可以推导出一些东西。

准备开始

不过，在检视你的化石前身之前，有必要简单地思考一下它们从何而来——可能是一次神奇的自然灾害使你现在能站在这里。

我们已经探索了生命和复杂生物的起源。亿万年间，进化产生了越来越丰富的生命物种，导致大约5.4亿年前[①]出现了第一种具有脊椎的动物——脊椎动物。你就是一种脊椎动物。最早的脊椎动物是海洋生物，大约在5亿年前，脊椎动物最早开始出现在水里（即使是很短暂的时间）。

起初，它们对于陆地没有多少兴趣——植物也只在4.65亿年前才登上陆地。在距今不到4亿年前，我们可以发现登陆的水生动物进化出了四足——其中有很多我们熟悉的物种的祖先，包括鸟在内（它们是恐龙的直系后代，技术上而言是四足动物，不过现在有两足变成了翅膀）。大概在2亿年前，第一种哺乳动物进化了出来，它们与越来越强大的恐龙为伴，并被其所统治。接着，灾难降临了——如果你恰好是一只恐龙。

[①] 本章所有的时间数据都是近似值，只是让你大概了解一下涉及的时间跨度。

一个直径大约为10千米的岩石状物体从太空呼啸而来，以每秒大约20千米的速度撞击了今天的墨西哥湾。它撞出了希克苏鲁伯（Chicxulub）陨石坑——地球上的一块巨大伤痕，直径约200千米。撞击的后果是灾难性的，释放的能量大约是"二战"中扔下的核武器的50亿倍。最初可能是热和冲击波的爆发，制造了大规模的灾害，接着冲入大气的尘埃引发了持续数年的降温事件。最终导致的气候变化终结了巨大的恐龙，将环境改造得适宜于哺乳动物的生存。

如果没有这次灾难，无法得知哺乳动物是否能获得现在的统治地位——那么智人（以及你）极不可能进化出来。没有这次危机，恐龙和它们的后代没有理由不继续繁荣和统治地球。哺乳动物可能仍留在小型动物的生态位。想象一下爬行动物统治今天的世界——几乎同样的统治。毫无疑问，造就你的有一部分是这次发生在6 500万～6 600万年前的希克苏鲁伯撞击。

断裂的链条

每过几年，就有一种新的早期人类或可能是人类祖先的化石被发现，即使在相对清醒的媒体报道中，我们也逃不开"缺环"（missing link）这个专业名词。这个概念的意思是有一根清楚、完整的链条，将我们连接到各种早期物种，再到地球上最早期的生命。某种意义上，这不是无稽之谈。我们在第2章介绍过，确实存在将你与祖先联系起来的后代链。如果我们拥有完美信息，就可以真的沿着这条链从你追溯到第一种真核生物，再往前追溯到地球生命的起源。但这与缺环概念涉及的链的意思完全不同，后者描绘的是一个清晰的、将人性赋予万物之灵的进化过程。

有一张图常被用来表示这条进化链（见下图），这张图就像那张行星电子围绕太阳原子核旋转的原子图一样，让人备感熟悉，却又不太准确。在图中，一系列越来越像人的祖先带领我们从一种类似于现代猿猴的动物进化成了人类。而"缺环"指的就是我们的进化过程中目前还缺乏证据的一环。

What Do You Think You Are?

人类的进化链

但是，我们将发现，这样一条貌似直接的链完全就是想象。关键问题是，这种视角使得进化变成了一种超越事实的东西。为了正确理解这一点，我们需要快速后退一步，确保我们理解进化的意义。我们介绍过，你如果将进化分解为基本因素，就不可能反对它——但是，在应用进化论特别是应用到人类身上时，各种反对意见就冒了出来。

进化论的核心理论是，如果你拥有一种将性状遗传给后代的方法，那么那些拥有使其在当前环境下更易生存的性状的人，就比那些没有的人更可能遗传自己的性状。举一个恶心的例子，假设有一种叫做类鼻涕虫（slugoid）的动物。世界上的类鼻涕虫有一半会溶解于水，一半不溶于水。在几天的暴雨过后，几乎所有活下来的类鼻涕虫就不会是溶于水的那种。只有那些活下来的类鼻涕虫才能留下后代——所以不久之后整个类鼻涕虫种群都变成了防水溶的种类。物种进化了。

在这个层面上，理智的人不会反驳进化论。不过，我们介绍过，有些人觉得这只是一种微进化机制。这产生了一种更能适应雨水的类鼻涕虫——但是它还是一种类鼻涕虫。不会让它变为一种鼬鼠。对于进化论的反对者来说，一个物种没有办法变为另一个物种。但是我们在第2章用彩虹的比方介绍过，这是对物种本质的一种误解，物种是一个随意的标签，并非不可改变。

有些人基于宗教原因反对进化论——但是这样做真的毫无理由。这有点像基于宗教理由反对引力。进化仅仅就是从逻辑上分析生物整合和复制机制的方式。如果某些进化生物学家同时也是严格的无神论者，那么他们很容易认为进化可能与宗教不相容，但如果你信仰上帝，那么进化就是上帝点化万物的一种非常合理的方式①。

但这种相容有一些限制,大部分与时间跨度有关。大跨度进化——比如从一种单细胞生物到你——是一个缓慢的过程。但并非所有进化过程都如此。例如,有一种叫做胡椒蛾(*Biston betularia*)的昆虫,其体色完美匹配其生活的长满苔藓的树木。这种伪装最初可能需要长达数千年或数百万年的长期进化过程,那些恰好长出更好伪装体色的昆虫更可能存活并将其外观遗传下来。但是,工业革命期间,某些地区的污染空气杀死了苔藓,导致树皮被煤烟染黑。

结果,仅仅几代过后,具有深色外观的蛾子比浅色的同类更可能在天敌面前存活下来,也更可能繁殖后代。几十年后,胡椒蛾种群的颜色变得更黑了。同样,随着《清洁空气法案》的推出,树木回到了更浅的苔藓色,而蛾子也再次变回了浅颜色。

然而,完整的进化过程需要亿万年的时间。这是因为,进化是一种非常低效率的机制。像汽车设计这样的事情,我们习惯于在几个月时间内就从去年的车型转变为今年的新车型。但是如果负责汽车设计工作的是进化,时间就要长得多。这是因为,我们知道,只要改变车型钣金形状就可以使汽车更符合空气动力学,但进化不会这么做,进化会随着时间发展抛出各种形状,很多形状会让汽车变得更差②。最终最适应环境的变化被保留下来。很可能要花数千年并丢弃无数汽车才能得到更匹配要求的汽车。

这也是特立独行的物理学家弗雷德·霍伊尔反对进化的原因,他认为进化的机制与他的设想不同。霍伊尔支持我们介绍过的一种被称为有生源说的理论。这种理论认为,生命不是从地球上进化的,而是来自太空(在那里有更多的时间进化)。他认为,指望生命从地球自发起源,有点像指望一场龙卷风刮过垃圾场恰巧组装出一架喷气式飞机一样。如果我们指望进化能一下子从无到有把你变出来,也是如此。但事实是这其中牵涉了数十亿年间无数的微小改变——有些好,更多不是。

---

① 当然,《圣经》故事比如诺亚方舟的故事也不相容,但很多宗教信仰者会很乐意将之作为一种表达道义信息的方式,而不是真正的历史。

② 需要承认的是,如果你见识过某些汽车设计过程,比如福特艾迪塞尔(Ford Edsel)或者特斯拉的赛博皮卡(Cybetruck),那么似乎一些真实的汽车设计会这么做。

What Do You Think You Are?

浅色和深色的胡椒蛾

现在我们知道地球的年龄大约是45亿年，我们也介绍过，据信生命存在了大约40亿年，提供了充足的时间形成丰富多彩的物种。在维多利亚时代，当时人们即使已经认识到了进化所需的时间尺度，但仍普遍认为地球大约创造于6 000年前。大多数宗教接受了进化的合理性，但错误的是6 000年的时间尺度——来自依据《圣经》年代进行的充满想象的计算。现在仍有少数团体坚持这个"年轻地球"理论，但是，即使基于神学也没有理由这样做。

某些宗教人士对进化抱有怀疑的另一个理由来自目的论。目的论这个概念可以追溯到前科学时代的哲学。例如，古希腊哲学在追寻某个事物的根本原因时，普遍会考虑其目的——到底是为了什么。科学则不会考虑目的论的缘由。科学能告诉我们某件事如何以及为何发生，但不会追究它的目的。这会和宗教信仰产生矛盾——你完全可能认为人类在你的宗教背景中是特殊的，无须听从进化的引导。仅仅因为科学不考虑自然过程中的目的，不意味着目的就不存在。我们做事情时心里总是存有目的，其他很多生物也是如此。只是对于进化来说，目的无法成为影响因素。

永不完结的故事

进化根据环境的变化塑造了我们，但我们很容易因为人类已然出现而忘记了进化并没有走远——再一次，这是一种目的论谬误——我们仍在进化。每个人的DNA都包含着小的突变，也许会随机引发一种有利于某个特定环境的变化并得到保留。从智人问世以来，进化当然一直在发生——那些我们用作种族标签的微小外貌差异就是一个例子——它将继续发生。

一个简单的例子是乳糖不耐受。最开始，智人与其他的哺乳动物并无不同。我们的祖先在婴儿时会吃奶，但在断乳后就会失去消化它的能力。但是，大约9 000年前，在世界的某些地方，一个突变造成了关闭婴儿乳糖消化酶基因的机制失效。那些具有这一突变的人——欧洲人比其他大陆的人远更普遍——一直到成年都能继续消化和享受乳类和乳制品。没有这一变化的人则不能，他们大约占世界人口的三分之二。

但是，现在进化作用于我们的方式产生了一个巨大的差异。我们在第8章将介绍更多的细节，那就是，我们现在改造环境的方式是前所未见的，我们无须进化参与也能改变自然。例如，尽管某些生物进化出了飞行能力，而我们没有——但我们可以利用技术飞行。这是人类极为重要的一个方面，但如果认为这意味着我们不再进化，那就是一个错误。

我们的技术能力不影响进化的存在。相反，我们正在改变塑造我们进化的环境条件——所以进化的结果也将被改变。有人担忧这种结果将弱化我们这一物种。进化的作用体现在，某些遗传变异比其他变异更能促进生存。而有批评者会

What Do You Think You Are?

说，如果我们用技术使得那些本来不能生存的个体留下后代，那么就阻碍了去除这些"更弱"基因的进化进程。

这种观点是错误的。它既误解了进化变化的随机性本质，也忽视了那些降低生存率的因子完全有可能伴随着我们视为有益的因子。我们对环境的改造导致的某些进化变化肯定有可能不产生好处——但同样有些可能是有益的，而且我们还需要额外考虑科技给我们带来的诸多好处。

没有指路明灯

在思考我们的进化时，重要的是记住：这个过程在任何意义上都不会使存活的生物总体上变得更好。与那张人类进化链的图片不同的是，进化并没有一个逐渐形成越来越好的人类的方向，并最终朝向你。进化无关乎未来——它不知道事情会往哪个方向走。它只是对于此时此地的反应。这意味着经常存在进化的死胡同，进化可以使一个物种远离我们认为的那些更"先进"的特性，因为它们有碍该物种的生存。

关于这一点，生物学家有时候走得有点远，他们说，人类没有什么特殊的。人类有很多特殊之处，主要是因为我们能超越进化，使用我们的创造力增强自身，并有意识地改造我们的环境，而不是被环境改造。但智人并非进化的顶峰，这肯定也是真的——你只是一个过程中的一步而已。这个过程更像是一个醉汉随机、漫无方向的散步，而不是朝着完美的进军。在进化学的术语中，你并不特殊，即使你在超越进化给予你的能力方面很特殊。

这意味着在任何特定的标准上，都不存在内在的朝向某个更大目标的趋势。例如，人类完全可能进化为更不智慧的物种。我们甚至可能拥有这方面的证据。2004年的新闻中充斥着发现真实"霍比特人"化石遗骸的报道——在印度尼西亚弗洛勒斯（Flores）岛发现的只有一米高的类人生物，让人想起了（在记者和某些科学家的想象中）托尔金（Tolkien）小说中的矮人。

例如，弗洛勒斯骨骼化石的头骨形状与人类很相似。然而其他方面与智人大为不同，包括特别小的脑容量。不出所料的话，它们应该是进化树上非常遥远的成员。但是弗洛勒斯霍比特人似乎生活在20 000年前，当时智人已经存在了超过180 000年。

智人与新发现的弗洛勒斯人（Homo floresiensis）同处一个时代本身并不稀奇。毕竟，在欧洲，人类与尼安德特人一起生活到了大约2 000年前，对这一点我们有直接证据，因为在人类特别是欧洲人的DNA中发现了尼安德特人的基因，这也暗示两者存在一定程度的杂交现象。但这可能意味着弗洛勒斯人从更高大、可能更智能的类人猿①进化而来，那么就挑战了认为进化应该必然往上攀登的错误想法。

在孤立的岛屿，由于资源有限，大型动物进化为更小版本并不罕见。例如，在史前时代，很多岛屿上生活着迷你大象（那些谈……猛犸的科学家搞错对象了，迷你大象肯定要受欢迎得多）。那么，如果……高大的人科物种进化为霍比特人就不值得惊讶了。

从彼处到此处

如果我们要真正了解你的进化学祖先对于造就你做出的贡献，就需要检视过去。但是，在整理化石记录揭示的从祖先到人类的过程和关系时，我们面对的是一个真正麻烦的任务。考古学家亨利·吉（Henry Gee）给出了一个有力的图示。请想象我们可以沿着各种进化分支抵达你现在的位置。从我们与黑猩猩的共同祖先开始，我们与其他所有人科进化物种的关系有点像下图，加粗线是你的进化世系，从左侧的遥远过去开始，直到右边的现在：

---

① 在处理不同的猿猴物种时，因为有些已经灭绝，很难弄清楚如何应用共同标签。"Hominids"一般应用于所有的类人猿，包括大猩猩、黑猩猩、倭黑猩猩、红毛猩猩、智人以及我们共同的已灭绝亲戚。据某些人所说，"Hominins"排除了其他的类人猿，只关注我们从我们最近的存活的亲戚黑猩猩分离之后的物种——不过也有人把黑猩猩及其前身纳入了进来。"人类"指的只有智人。

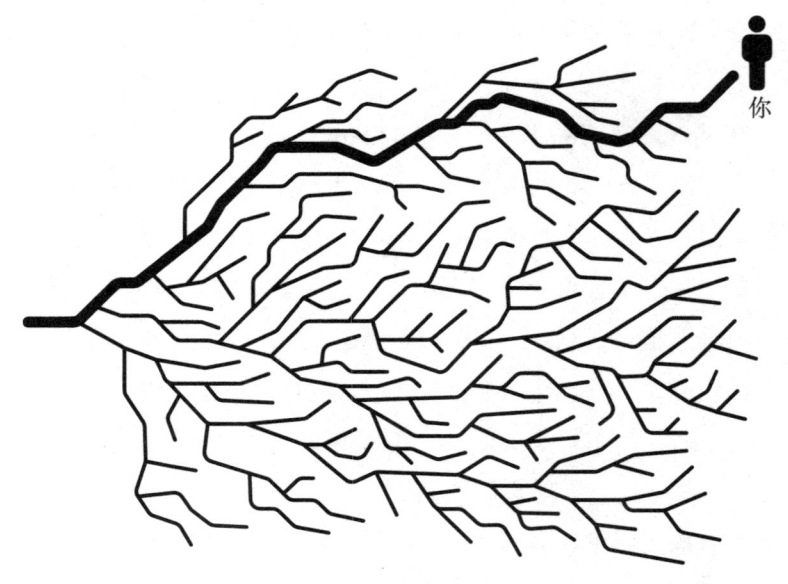

What Do You Think You Are?

假想的人科树，基于亨利·吉的图示（复制得到了许可）

不幸的是，我们现在已有的信息远没有如此准确。尽管这幅图已经是最佳猜测，但也只是猜测而已。我们无法制作出一张真实的图示，因为化石记录极不完整。当然，我们知道有些地方缺失证据。但是事实是我们现有的信息更像是一棵缺失树。我们只有一些散在的点状分支，知道这些点分布在时间轴的位置，但极难确定将其放在纵轴的何处，以揭示它们之间的关系。现实看起来更像这幅图：

人科化石记录，基于亨利·吉的图示（复制得到了许可）

我们看到的是一个连连看游戏。它当然可以用来制作上一页显示的那幅路径图，但是如果要设想路径上的祖先，肯定会牵涉大量的推测。可能的路径太多了。例如，下一页的三种路径。

虽然第三条极为曲折的路径感觉不太可能，但友情提示，进化没有特定目标。进化到你是一系列意外和环境改变造成的结果，不同的进化方向都是可能的。

描绘一幅清晰图景如此之难，其原因在于化石的形成过程极为特殊。虽然化石的形成有多种方式，但常见的原因是生物被富含矿物质的水覆盖，水进入各种腔隙并注入矿物后，才能保存生物的结构。在绝大多数情况下，死亡的动物或植物只会腐烂，什么结构都无法留下。因此那棵真实的化石树才会如此不完备。

让人类化石更难被发现的是，陆生动物比海洋生物更不可能形成化石，因为它们在死后更不可能接触到富含矿物质的水。不过，如果作为陆生动物的人类要成为化石，恰好我们的人科祖先喜欢临水而居的习惯倒是提供了保存机会。这与其他的现代类人猿形成了鲜明对比，它们往往生活在热带森林或者高海拔地区，它们的尸体在那里更可能腐烂，而不是保存下来。它们的化石记录比我们人类的糟糕得多。

如果DNA得到了保留，那么我们能看得更清楚。所有的生物都使用这种复杂的分子（我们在第9章将更详细地探索它的工作方式）一代一代传递信息。所有生物的DNA信息中都具有某些共有部分，这成为了生物同源的有力指标。例如，因为我们得到了尼安德特人遗骸的DNA，所以就能用它来弄清楚我们与尼安德特人的差异，以及了解两个物种在进化树上何时分裂。但是，越往前追溯，这个方法就变得越难使用。

DNA会随着时间过去而发生降解。这是一种复杂又极为脆弱的物质，半衰期大约为520年。"半衰期"这个术语的意思是，520年后，一个DNA样本的一半会降解为无用的化学片段。再过520年后，剩余的一半也会丢失。绝对降解的时间据信为约150万年，再往前就留不下任何有用的DNA了。这除了意味着《侏罗纪公园》（*Jurassic Park*）里用琥珀中吸血昆虫的恐龙DNA复制恐龙的想法会失败（这样的DNA的年龄会超过6 000万年），还意味着通常不太可能找到早期的原人（hominin）DNA。

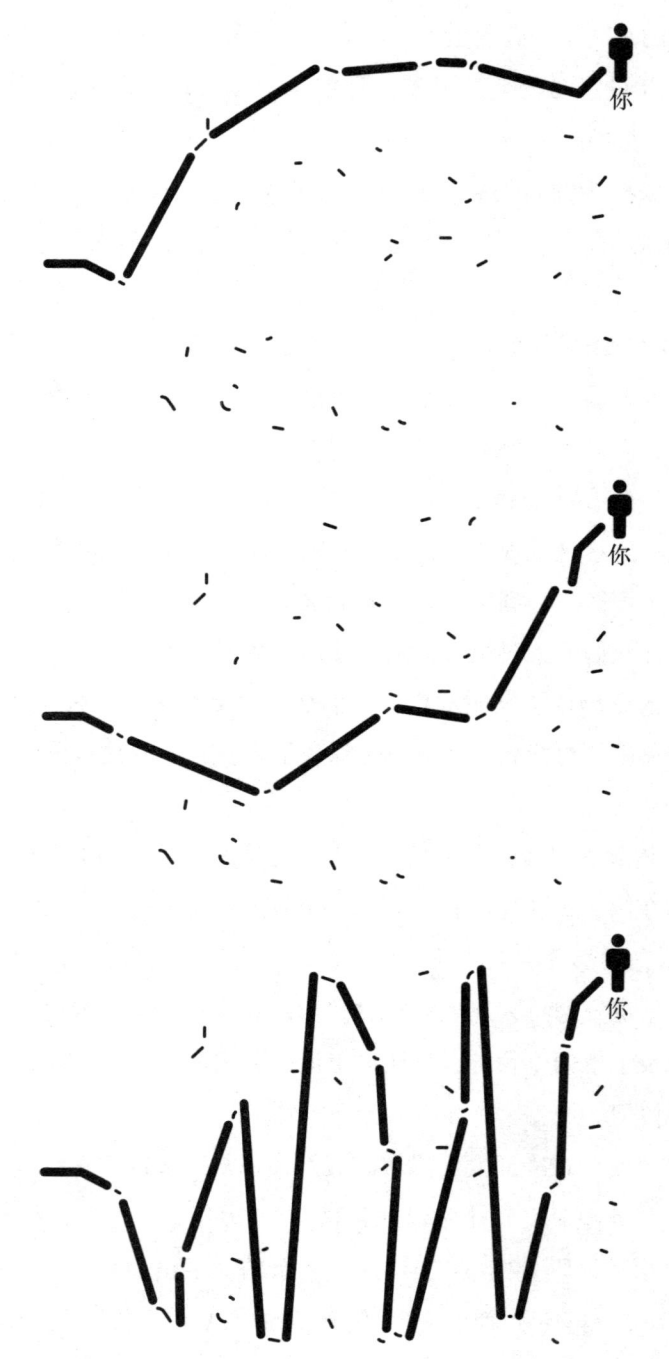

What Do You Think You Are?

化石记录的可能路径，基于亨利·吉的图示（复制得到了许可）

挥之不去的图像

不管怎么努力，那幅人类进化链的图像都在脑海里挥之不去。从历史上来说，这幅图意味着考古学家常假设存在简单的、线性的、循序渐进的化石排列方式，就好似我们前面见到的那棵进化树提供了一张清晰的路径图。这与下列假设如出一辙：前人类的进化历程是从一种原人按时间顺序进化到下一种，而不是几个不同的物种同时存在。因为我们是此刻唯一存活的原人物种，所以很容易假设每个时期都总是只有一个物种——但实际上，唯一存活的物种是例外而不是常态。

正是由于这种线性历史观，历史上最著名的考古学骗局才获得了巨大的成功。1912年，一个名叫查尔斯·道森（Charles Dawson）的业余考古学家声称自己发现了人类与猿类之间的缺环。道森讲述的故事是这样的，东萨塞克斯郡（East Susex）的阿克菲尔德（Uckfield）附近辟尔当（Piltdown）镇采石场的一名工人给他提供了消息，让他发现了一个头骨的一部分。道森带上了伦敦自然历史博物馆的专家亚瑟·史密斯·伍德沃德（Arthur Smith Woodward），他们一起调查并发现了头骨的更多部分，后来成了所谓的新物种：道氏曙人（Eoanthropus Dawsoni）。

这两个人发现的碎片组装出来的头骨不像任何已知头骨。它的上部分不像人类，脑容量相对较小，但下颌与黑猩猩极为相似。这一特点与"人类进化链"的叙事极为相符。但是，这一发现立刻引发了争议。一些专家注意到声称为头骨一部分的牙齿与头骨不相符合。然而，对于很多人来说，辟尔当人（Piltdown Man）的存在真实不虚。

但是，到了20世纪50年代，人们证明了这个头骨是伪造的，早就有人指出过伪造过程：用一个小的人类头骨和有大猩猩牙齿的猩猩下颌骨组装在一起。这些骨头被染了色，表现出了统一的做旧外观。有些早期怀疑者曾指出这个简单错误：这些骨头明明来自同一地点，却没有合在一起。头骨上的修饰证明这显然是一个有意设计的骗局。

What Do You Think You Are?

多年来，人们一直想揪出辟尔当人骗局的作恶者。最离奇的是有人曾提出《夏洛克·福尔摩斯》(*Sherlock Flolmes*)的作者亚瑟·柯南·道尔爵士就是骗局背后之人。道尔早就认识道森，他们曾同是萨塞克斯考古学会（Sussex Archaeological Society）的会员。有人指出，道尔曾在他的小说《失落的世界》(*The Lost World*)中提到过伪造骨骼，这本书恰好在1912年出版。尽管这个推测有意思，但嫌疑最大的似乎还是道森；不仅因为他从宣传报道中得益最多，还因为后来人们发现他的收藏品中有大量伪造品。不管是谁策划了辟尔当人骗局，这件事都显示从化石中构建前历史模型有多容易，这种模型更多是在支撑我们的先入之见，与科学关系不大。

辟尔当骗局被一些人信以为真的原因之一，是它支撑了一个理论：直立行走是巨大大脑进化出来之前的一系列进化的一部分。但是随着更多化石在非洲和远东被发现，愈发清楚的是，有些已经直立行走的原人仍然拥有较小的脑容量，最著名的例子是"爪哇人"和"北京人"，它们是第一批被发现的比智人更早的物种，现在被称为直立人（Homo erectus）。

尽管化石记录仍然非常分散，但更多的发现结合DNA证据，还是推出了"走出非洲"假说，即原人很可能是在非洲进化，经过几波迁移分散到了亚洲和欧洲（很可能还迁移回了非洲，给时间线增加了几分混乱）。我们介绍过，我们的一小部分DNA包含在线粒体中，这是一种发挥细胞发动机作用的微小结构。这些DNA因为结构简单，所以在追踪个体的可能起源时特别有用——在推算线粒体夏娃时就是如此。1987年的一个研究显示，线粒体DNA最大的变异在非洲被发现，而其他地方的变异都是一种古老非洲形式的变体。

将化石分配给物种是一个特别大的麻烦，尤其因为化石遗迹通常都是碎片，有些只有一块骨头。还记得吗？物种是相对随意的标签，随着更多证据的出现，很多化石不得不移动到了人属和其他非原人物种比如南方古猿（Australopithecus）之间。

这使得事情变得有点令人沮丧。我们知道智人已经存在了至少200 000年。我们介绍过，有些人属物种与智人共存过，他们之间有足够的共有基因，比如欧洲人的血统里有一小部分是尼安德特人；另一种被称为丹尼索瓦人（Denisovans），一种最早在俄罗斯被发现的早期人类物种，它也给美拉尼西亚人、巴布亚人和澳洲人贡献了少量的DNA。

当不同物种从一个共同祖先开始分裂时，可以通过DNA的变异率进行估计。用这种方法，人们提出黑猩猩和原人大概在500万～700万年前分道扬镳。在如此久远的时间点和智人出现的约200 000年前之间的缺口中，我们可以放置足够多的化石——不过我们同样不能说我们就是这未知的第一种原人的直系后代。例如，发现较多的早期原人是南方古猿非洲种，可以追溯到约300万年前——它曾经被视为通往人类的一环。如今我们只能说它是这个时间段内的众多物种之一。

这些极为古老的化石标本中，或许最著名的是一具叫做"露西"（Lucy）①的部分骨骼，她被发现于埃塞俄比亚，是南方古猿非洲种的唯一已知标本〔不仅因为她来自远方（afar），也因为她来自阿法地区（Afar region）〕，可以追溯到约360万年前；还有一些化石碎片也来自埃塞俄比亚，被认为是一种有约440万年历史的原人——拉米达地猿（始祖地猿，*Ardipithecus ramidus*）。考虑到这么久远的时间，以及有限的化石数量，很难分清我们处理的到底是原人还是范围更广的人科动物（hominid）——后者更像猿类和猴子，不可避免，存在该物种来自另一棵进化树的可能性。

尽管存在这种不确定性，但你还是不时能看到有人声称发现了新的人类"祖先"。例如，2019年秋天，有报纸报道了一个最新化石的故事。英国的报纸用了这个标题："见见MRD，露西的亲戚和人类最古老的祖先"。这指的是在阿法地区发现的380万年的头骨，被鉴定为南方古猿湖畔种（*Australopithecus anamensis*）。严格来说，标题中"露西的亲戚"这部分是对的，某种意义上所有的动物都是亲戚——而MRD②和"露西"在时间上比较接近。但没有什么证据说明MRD是我们的祖先——而且显然不是我们最古老的祖先。人类最古老的祖先需要往上回溯40亿年左右，可能是一个细菌。

同一篇报道声称："科学家……相信这个头骨是著名人科动物化石露西的一个祖先。"MRD当然是"露西"的一个亲戚，但没有证据表明MRD还是她的祖先。当你看到这种报道时，有必要记住：媒体甚至是一些科学家对于这些化石的

---

① 显然如此命名是因为披头士乐队的名曲《天空中戴钻石的露西》（*Lucy in the Sky with Diamonds*）在发掘团队很流行。

② MRD不过就是该标本的收藏识别码的缩写。

What Do You Think You Are?

意义可能会夸大其辞。

我们为什么长成现在这模样？

认识到化石记录只能告诉我们这么多，真是令人沮丧。但是，这并没有拦住理论家们试着解释我们怎么长成现在这副模样：直立行走的无毛猿猴，有着相对我们的身体尺寸来说奇大又复杂的大脑。

有些解释智人外形的理论听来不太可能。例如，20世纪60年代，英国海洋生物学家阿利斯特·哈迪（Alister Hardy）提出了一个假说，人类进化的一大因素是：我们由一种半海生的猿类进化而来——被称为水猿假说。威尔士作家伊莱恩·摩根（Elaine Morgan）在此基础上提出，像无体毛、高皮下脂肪水平和对贝类的喜好这些特征就是这种起源的证据。甚至直立行走，对于一位花费大量时间涉水觅食的祖先来说，也被认为是一种优点。

学术界普遍不认可这一观点，因为它缺乏证据支撑，更像是收集了一堆恰好符合这种水生生活方式的特征。长久以来，最受支持的假说是，我们的进化至少有一部分是由于非洲雨林的消亡而被迫从树上移居到大草原。有人认为直立姿势能让我们更好地扫视开阔的地形，也解放了我们的双手去使用工具和武器。缺少体毛被认为可以使我们更好地应对所面临的炎热环境。但是这些论据也有漏洞。

首先，早期原人直立行走的时间要明显早于气候变化使大草原的生活更具吸引力的时间——而且，恕我直言，非洲大草原上曾生活着、现在也继续生活着大量其他种类的哺乳动物，没有一种从永久性的直立姿势中获益[1]。我们的两足步态也没有增加生存率。随便一个狗主人都能作证，从奔跑速度上来说，四足的优势非常显著。我们的祖先还失去了类人猿典型的巨大犬齿，皮肤也进化得更薄——两者都让我们与前人相比在面对捕食者时失去了更多的保护。而且，虽然解放双手让我们获得了一些优势去携带物品和使用工具，但现代黑猩猩似乎能够在不用承担我们的直立人祖先面临的劣势的情况下，也足以做到这些事情。同

---

[1] 比如生活在非洲大草原的猫鼬，常常会后足短暂直立，但离成为二足动物还差得远。绝大部分大草原居民，不管是猎物还是捕猎者，都没有进化出这种人们认为有益的姿势。

样,"炎热褪毛"的论据似乎也无法说明其他所有生活在开阔炎热地区的哺乳动物的问题。

事实上,很难主张这样一种相对无毛、薄皮肤、直立、平足、脑容量巨大的猿猴是由于任何直接的进化优势而生存下来的。几乎所有这些进化都表现出了一种生存劣势。这似乎与进化论相悖,但是这种观点又会让我们回到认为进化具有目标的目的论迷思。我们不是为了从中获益而以某种方式进化。我们的进化是随机的,如果总体利益超过了不利,我们就可能保留那些特征。甚至即使一种进化特征对生存不利,但只要由该变化带来的其他利益超过了负面影响,这也是成立的。

想一想雄孔雀这种动物。作为一种被捕食的动物,从生存的角度来看,很难想象还有比让自己极为显眼更大的危险。但是,对于雄孔雀来说,值得炫耀的巨大尾巴带来的性选择益处——尾巴更漂亮的雄孔雀对于雌孔雀更有吸引力——超过了吸引捕食者以及有碍行动所带来的生存风险。

在人类的情况中,所有那些明显的缺点不太可能让我们更能吸引潜在的配偶,但更可能产生一种具有某些无法抗拒的益处的副作用。我们知道,一些原人从至少400万年前就开始双足直立行走,而且可能这样做了两三百万年——我们需要记住,早期的直立行走者不一定就是我们的祖先,因为这种行为可能进化了不止一次。这种双足行为有可能被大量因素所影响,但其中一种假说特别有意思。

这个假说来自英国动物学家克莱夫·布罗姆霍尔(Clive Bromhall):它似乎比其他假说可能性更大,但同样很难找到直接证据的支撑。布罗姆霍尔提出,对于任何研究过子宫内黑猩猩的人来说,智人的特征十分平常。黑猩猩在出生之前拥有几乎所有的人类异相(与其他类人猿相比显得怪异)。黑猩猩的胎儿像人类一样,拥有面部朝前的头部、适于双足运动的骨骼结构、平坦的足部和面部、细小的牙齿,除了头顶以外其他身体部位相对无毛,皮肤很薄,颅骨更大、更圆。

布罗姆霍尔认为,所有这些明显的智人异相(以及几种不明显的特征,例如我们的肺和主动脉弓的特异之处)都与猿类婴儿极为相似。在成熟时仍保留着物种幼小成员的特征,这一过程叫做幼态持续(neoteny)。幼态持续不是人类独有——在家畜中尤为普遍,最著名的是狗类,其与狼崽子有很多相似之处。唯一

What Do You Think You Are?

的另外一种进化成幼态持续的类人猿是倭黑猩猩，也叫做侏儒黑猩猩，其与黑猩猩相比，头骨更圆、面部更平坦，更喜欢直立行走，还有其他一些幼态持续的细节和特征。

总之，你遗传到的人类特征似乎让你不可能在非洲大草原的残暴捕食者中存活下来。用布罗姆霍尔的话来说："进化非但没有创造出一个庞然大物，反而选择了一种史上最孱弱的猿类。"我们生活在平原的猿类祖先能存活下来，似乎是因为它们以更大的群体生活在一起——一种对捕食性动物的典型适应现象。这仍然适用于少数几种居住在平地的猿类。

相比之下，黑猩猩没有以大群体聚居——一般5个住在一起为最佳数量。如果数量更多，群体内部的争斗就变得太激烈。但是在面对大型捕食性动物时，5个的数量太少，甚至不可能逃进树林里。倭黑猩猩完全不同于黑猩猩，它们大部分以大群体平静地生活着，雌性比雄性更具支配地位。布罗姆霍尔指出倭黑猩猩以及人类能以大型保护性群体生活在一起，是因为它们幼态持续——因为它们与其他大部分猿类相比，长时间保留了婴儿的特征和行为。

这个理论也许不能完全解释你的外观，但对于"为什么一个前人类的幼态持续突变产生了比传统猿类更佳的大草原生存概率"这个问题，这的确是一个非常符合逻辑的理由。而至于它后来给了你我因脑容量扩大而获得的好处，完全就是一种意外。

变成超级大脑

也许对造就今天的你，贡献最大的是大脑的进化。反对"人类例外论"的生物学家提出，人类大部分智力能力也为其他动物所有。例如，从黑猩猩到乌鸦，很多动物都被发现能使用工具。但是，没有什么动物能接近人类大脑表现出的这种规模的智力和创造力。我们的幼态持续的外观和行为也许是增强的社交能力的一种副作用，这种社交能力可能导致了更大的大脑，但就其本身而言，无法解释人类大脑额外的复杂性。

尽管还不知道哪一个原人化石遗骸在我们的直接进化路径内，但是我们看到，在过去250万年间，我们的大脑发生了巨大的变化，从与黑猩猩的尺寸相当到目前的四倍大。就其本身而言，大脑尺寸并非智力和创造力的直接度量指标。例如，大象的大脑大约是人类的三倍，而某些海豚尽管身体比我们还小，却具有更大的大脑。但是，因为缺乏古代原人大脑结构供检测，我们只能用大脑尺寸的增加作为一种测量手段，同时还能观察现代人类大脑与其他现代哺乳动物相比的额外复杂度。

长久以来，一直有人声称我们的高效大脑是一种简单的进化性状。思考能力更高的人更能解决面前的问题，所以更可能生存下来。随着时间流逝，人类大脑越来越大，直到变成你现在正用来阅读此书的巨大样本。这个观点也造成早期的科幻作品将未来人类（或来自宇宙的外星人）描写为具有隆起的头部，以容纳不断增长的脑力（见下图）。但这个观点有几个问题。

流行文化描述的具有隆起头部的外星人，《地球岛》(*This Island Earth*，1955)

What Do You Think You Are?

关于"进化产生更大大脑"理论，一个半开玩笑的问题是啦啦队长/足球明星现象。任何一个曾在学校当过书呆子的人都知道，赢得异性关注的不是脑子更大，而是外貌出色、运动能力出众。性选择过程可能会提示，脑容量大是一种负面进化压力，会自然消退。

更严肃地说，如果"更多脑子等于更佳生存率"观点有道理，那么我们应该看得到所有的物种都出现脑力上缓慢但坚定的增长——然而相对而言，智人似乎在这方面极不寻常。克莱夫·布罗姆霍尔解释说，脑容量的增长不过就是幼态持续的另一个例子——婴儿头部（以及大脑）与身体尺寸的比例相对较大。这一点也许是对的，但鉴于脑容量不等于智力或创造力，我们仍然缺乏有说服力的论据来解释这种额外复杂性的起源，毕竟它让我们能不仅适应我们的环境而进化，还能改造我们的环境。

在这一点上，事情显然变得有点臆测推断。似乎一部分驱动因素可能是一种利用大脑相同物理结构的新方法，使得早期人类能使自己脱离源源不断的"当下"，思考"如果……将会怎样？"——正如有人诗意的描述：在清醒时做梦的能力。毫无疑问这里肯定有一些东西，以物理改变为基础，却导致了巨大的进化优势。但是，我们对于它没有一个清晰的认识。

一种观点是，我们的巨大脑容量只是因为我们从森林迁移到海滨特别是海岸地区，才得到了支持，当然如水猿假说所言，我们没有在水里度过很多的时间。大脑有两种重要的微量营养素，碘和一种叫做二十二碳六烯酸（DHA）的脂肪酸。两者都在包含海藻（包括更大的海带）的饮食以及以海藻为食的海产品中被发现。有人声称，没有这次迁移，增大的大脑可能会造成严重的问题，也许我们就不能进化成现在这样。

很显然，对于人类大脑的本质，还有很多东西等待我们去发现。即使我们能搞清楚使人类得以思考的物理改变，但阻碍你去理解"你"的还有一个特别大的困难，即确定你视为"你"的"本源"的东西，那个似乎漂浮在你头脑里某处的意识实体。那么，你的意识是什么？

7　你的意识是一种幻觉吗？

请科学家列出科学上最大的未解之谜，他们也许会提到暗物质、暗能量、将量子理论广义相对论统一起来的"万物理论"、生命的起源等等。不过还有一个主题肯定会被提到，那就是意识的本质。这种内在觉知和思维模式（可能）并非人类独占，但在造就你我这件事上，它对于人类的意义比任何其他生物都远更重大。

我在思考吗？

意识是一种相对现代的概念。词语"意识（conscious）"来自拉丁语"conscius"，后者混杂了分享知识、向内觉知和内疚的意思。"意识"的概念似乎最早在17世纪被人们使用，大约就在法国哲学家勒内·笛卡尔说出那句名言"我思故我在"的时候。显然在此之前，人们也觉察到了我们现在用意识指代的东西，但那时候似乎对此的看法不同，或许部分是因为"灵魂是一种独立实体"观点所施加的巨大压力。

思考意识很容易让人陷入混乱——毕竟，思考意识本身需要……意识。我记得小时候看过一部连环画，讲的是一个人的脑子里住着很多小人，它们拉着各种开关控制着机器人一样的人体，有点像皮克斯公司在2015年拍摄的电影《头脑特工队》（*Inside Out*），电影里各种情绪被人格化，住在主角的"头脑司令部"里。当然，如果用逻辑思考这种幻想情节，马上就会坠入无尽螺旋，因为这些意识小

What Do You Think You Are?

人自己也需要内在的控制者，依此类推①。

头脑内部的控制者看着前面一块屏幕，将命令发送到身体各个部位——一个有时候被称为"笛卡尔剧场（Cartesian theatre）"（也可能是美国的电影院）的模型——这个形象肯定荒唐可笑，但可以理解这种想法从何而来。由于你的眼睛在头部的位置，你在观看世界时就好像你的"意识之我"坐在眼睛后方的某处，观察着你周围的一切事物。打断一下，在你阅读这些词语时，试着揣测一下你的意识。看书的"你"在哪里？感觉大概就在你的双眼之间往后一点。

你的意识是你对感官输入信息的理解——这只是问题的一部分，因为物理学告诉我们，我们一点都不善于感知真相。哲学家伊曼纽尔·康德（Immanuel Kant）②观察到，虽然现实（可能）就在那里——他称之为"物自体"（Ding an sich，大概是事物本身的意思）——但我们无法直接体验到。我们只能知道我们的易错感官对其的感知。据康德而言，我们体验到了现象，但造成这些现象的"真实世界"是不可接近的。这种对现实的理解得到了量子物理学的加强。

离奇的量子现实

从20世纪30年代以来，人们逐渐认识到，微观世界——构成所有物质的原子、光束中的光子——的现实完全不同于我们通过感官体验到的世界。例如，我们想不到物体可以穿墙——就好像墙不在那里一样。然而量子物理学告诉我们，量子化粒子可以做到——穿过阻挡它们前进路线的障碍物，出现在另外一边。这种现象以及其他的量子奇观都得到了反复验证。我们知道量子理论是对的，但它和我们对周围世界的感知完全不同。

除了你对世界的体验方式，你对意识本身的认识还有一个方面与科学相悖。

---

① 让人想起了数学家奥古斯都·德·摩根（Augustus de Morgan）的诗歌《跳蚤》（*Siphonaptera*）："大跳蚤背上有小跳蚤咬它们，小跳蚤背上有更小的，依此类推，永无止境。巨跳蚤反过来也有更巨大的跳蚤；它们也有更巨大、更巨大的跳蚤在身上，依此类推。"

② 这是本章出现的第二位哲学家，如果你感到哲学与科学不是一回事，哲学完全不应该出现在这样的科普书里，我在此向你道歉。不幸的是，在思考意识时，不可能不引入哲学，公平地说，这两位都对哲学做出了非常科学化的贡献，而不只是沉迷于空想。

你也许能将"你"定位在双眼之间,但诚实地说,你会感觉这个"你"脱离了你的身体,是某种独立的存在——一个被称为身心二元性的概念。在17世纪之前,这个概念是人们对于意识的唯一认识,后来理性主义的传播才让人们开始接受人类是一个没有独立本源或灵魂的"血肉机器"。

我们介绍过,"spirit"这个单词与"呼吸"这个词语同源。"呼吸"的拉丁语动词是"spirare"。人死亡时我们会说"断了气"——呼吸离开了我们。对于后文艺复兴期的唯理论者们来说,没有道理将我们的意识与大脑的运转分开。根据这种观点,你的存在就是大脑的电化学[①]活动——你没有独立的灵魂。这也是现在的科学观点,不过,我们几乎可以肯定,大部分世界人口,不管是主流的宗教信徒还是新世纪宗教信仰者,都继续采用着身心二元论的观点。

科学没法断定这种身心二元论是错误的,没法证明不存在独立的灵魂。在科学框架里完全可能持有这种观点。但是科学家通常会争辩,没有必要增加灵魂的复杂性,也没有已知机制可以让一种非物理实体与大脑的物理现实紧密联系。这意味着,尽管同样缺乏任何其他证据,但"血肉机器"是最简单的概念,这也让其成为了科学采用的解释。当然,科学还告诉我们,世界没有我们想象的那么简单——有些信徒会说他们的感觉告诉他们,人类不只是大脑的电化学活动。你自己说了算。但是搞清楚不太容易——事实上,整个心身问题通常被称为心理学的"大难题"。

大脑是"意识之你"的居所

我们只知道你的大脑的主要作用是支持你的意识(不管它是什么)。在历史上,围绕大脑的功能有一些争论。虽然早在3 700年前的古埃及,人们通过观察脑损伤的影响得出了大脑可能负责身体智力部分的结论,但一些希腊哲学家,最有名的是亚里士多德,却认为心脏是"意识之你"的居所(由此延伸出情人节那

[①] 电化学这个词语在描述大脑的运作方式时会经常用到。虽然大脑有一种电机制,但和电脑的电机制非常不同。生物学上,电信号由带电化学离子携带。这会导致这些过程远比传统的电路迟缓——但是大脑的结构十分复杂,补偿了这种相对的迟缓。

What Do You Think You Are?

些卿卿我我的爱心生意——不要怪贺卡公司，怪亚里士多德）。亚里士多德和他的追随者们把大脑降级为一个重要但次要的角色，相当于汽车的散热器，可以用它复杂的褶皱结构冷却血液。

不过，到了17世纪，当英国内科医生威廉·哈维（William Harvey）在前人基础上描述了人体的血液循环后，心脏即被确认为负责泵血，而大脑毫无争议地回到了它正确的位置。（鉴于"你"居于双眼之后的心理图像如此之清晰，很难理解为什么亚里士多德如此认为。或许是因为脑损伤尽管非常有害，但不能像心脏损伤那么确定地杀死你。）

人类的大脑一般重1.3千克。尽管只占体重的2%，但大脑会用掉身体20%的能量，所以上一章在思考人类祖先的进化时证明它的价值才那么重要。人们说你（以及每个人）的大脑是已知宇宙中最复杂的结构。也许很多出奇复杂的东西是我们还不知道的，但我们在宇宙中观察到的大部分东西（如星星）的结构都相当简单，即便尺寸很大——而在地球上，没有什么能接近人类大脑的错综复杂。

看一看真实的解剖大脑，结构的复杂一目了然，外面是褶皱的皮层灰质，里面有各种内部结构，如灰质下面的白质、小脑（负责运动控制等），还有海马体，以海马命名（不过要发挥想象力才能看出来），被认为是负责记忆加工的。大脑被分为几乎完全独立的两半，各负责身体的相反一侧，两个半球由一块被称为胼胝体的白质连接。

但是，大脑真正令人震惊的是肉眼看不到的复杂。大脑有一系列应对不同要求的功能区域——例如，图像加工或记忆提取——但整体而言不存在明显确立的物理模块，只有虽定位于大脑不同部位但可以一起工作的逻辑构造。基本的功能单元是神经元。这是一种伸长的神经细胞，可具有多个突触——连接到其他神经元的电化学接点。正是这些接点在刺激到达足够水平时将信号传递到各处，提供相当于电脑处理器的功能。一个成人大脑的突触数量极为可观——多达1 000亿个神经元，每一个拥有的突触数量可达到数十亿个。因此而产生的可能排列组合比宇宙中的原子数目还要大得多。

在对身体物理行为的控制方面，你的大脑毫无疑问负责着主观的部分。这清楚地表现在，当某个我们认识的人罹患退行性大脑疾病时，那个过去的他或她似乎就完全消失了。对于那些相信大脑/灵魂二元论的人来说，大脑就好像通往"真实之你"的界面,而患病者出现问题的就是这个界面——但是大部分科学家基于上面提到的理由反驳了这一点。

最后,记住,我们的任务是去揭示什么造就了你,那些只有你确定知道的你头脑里发生的事情(不过现代科技比如功能性磁共振成像[①]能让我们更清楚地了解大脑里发生了什么)。在意识方面,你唯一可以真正确信的是你对自身意识的观察。有人将之推向了极端的唯我论哲学,说这不仅是你的全部所知,还是所有可以说出来的已知。但是,我们大部分人都承认自身之外存在心智和物体,即使我们没法真正知道其他人的脑子里发生着什么。

成为蝙蝠

美国哲学家托马斯·内格尔(Thomas Nagel)在20世纪70年代着重强调了意识的这种超个人特点,他断言,我们可能永远无法知道成为蝙蝠是一种什么感觉。内格尔声称,意识"在很多层次的动物身上发生,不过我们无法确定它是否在更简单的生物中存在,很难找到证据"。这似乎是一个没有良好证据支持的假设,但动物具有某种形式的意识似乎合情合理。

从这个假设出发,内格尔提出,如果一种生物有意识,那么就存在"成为那种生物的感觉"。(多想几次)如果一只动物能体验成为自己的本质——如果它有对自身世界的主观体验,而不只是一系列对其感官输入的机械反应——那么它就是有意识的。这意味着,这些情况中存在某种超越行为的东西,某种隐藏在背后的东西。

内格尔选择蝙蝠作为例子,因为它们是哺乳动物,所以与一只昆虫相比,也许更有可能感觉到作为蝙蝠是什么样子。但是,蝙蝠的能力和感官与我们人类截然不同。例如,蝙蝠对世界的"观察"需要用到声呐,所以不可避免与我们基于视力的体验迥异。内格尔接着提出,我们能做的顶多就是想象,如果我们配备上蝙蝠的感官后会是什么感觉——但是我们不知道蝙蝠是什么感受。

[①] 功能性磁共振成像,这种神奇仪器能暂时将你身体里的水分子变为微小的无线电发报机。

What Do You Think You Are?

内格尔得出结论，尽管我们的意识是一个物理过程，由大脑里的电化学活动产生，但简单地将意识标为神经活动的结果具有误导性，因为我们所称的意识是涌现的，不能简单地缩减为单个的物理理由，而是从各部件的相互作用中涌现，整体大于各部件的总和。

这个"成为……是什么感觉"测试可被视为意识和非意识的区分方法。非常明显，对于像岩石这样的无生命物体，不可能应用这种概念；相比之下，我们绝对可以将某种形式的意识划归给一种有智慧的哺乳动物。对此很难确定清楚的界限。细菌和植物似乎极不可能有意识。昆虫——好吧，也不太可能有意识。但是如同蝙蝠案例所揭示的那样，我们现在没法进入另一种生物的意识里，所以几乎不可能划定一条严格的界限。

有人设计了一些研究，想搞清楚动物能理解多少其看到的东西。在动物的头上画一个点，然后带到镜子前。如果动物在看到镜子里的这个点后能试着从头上擦掉它，就说明它认识到镜子里的图像与之有关。除了一些类人猿（不包括大猩猩），大部分动物都没有认出自己。但是，在另一个实验中，通过了上一个画点实验的黑猩猩，我们的类人猿近亲，在得到机会向一个人类乞求食物时，即使这个人明显无法看到它们（例如，这个人头上罩了一个桶）[1]，它仍会继续乞讨，这提示了甚至连黑猩猩都没有我们人类的换位思考能力。

不是所有人都同意内格尔的观点——就像哲学家对于几乎任何事情都没有共识——但人们似乎都同意这不足以处理大脑的工作源程。我们需要某种方式来应对主观性，并揭示意识大脑的感官体验的检测和加工方式[2]。

意识到底是在我们的思维、感官体验和反应之上，所以需要凭借自身力量进行解释，抑或只是这种思考、感知和反应之间相互作用的内在结果，并不是某种独立的东西——人们的意见产生了分裂。

---

[1] 心理学家可真会玩。
[2] 一些哲学家称之为主观体验的"单元"，例如颜色或气味的本质是"qualia"（主观体验特性）。我想这个术语让人想起了物理学家的"量子"，给这个概念赋予了不应得的科学味道。"Qualia"本身具有高度的主观性，并非所有哲学家都喜欢这个理论。

自动驾驶仪

居于你双眼之间的"你"在指挥你的身体——这个形象几乎挥之不去，所以很难摆脱我们有一个独立意识的想法——一种控制一切的东西。当我写这本书时，我可以想象那个"意识之我"正在决定我将要拼写的下一个单词，正在指导我的手指按下正确的键位。对于写书过程来说，这感觉很合适。然而这个形象存在几个问题。

一个问题是，实际上，我并没在有意识地决定我的手指在键盘上做什么。我是个盲打手，在打字时我没有看着键位，当我打一个含有字母L的单词时，我也没有指挥我的右手食指移到L键位置。如果你要问我L键在键盘的何处，我真的没法告诉你。这是因为，当你学习类似盲打（或驾驶，或弹钢琴）这样的技能时，只有从有意识地执行动作变为让你大脑中的无意识部分接管任务，你才算是达到了不错的技能水平。大脑中有些远离意识的部分非常擅长于"做事情"，我们使用了一种不同的记忆来储存如何做某事，一旦我们完成了这件事的训练，它就变成了半自动的执行。

关于意识觉知和大脑实际行为之间的鸿沟，美国神经科学家戴维·伊格曼（David Eagleman）在其书《隐藏的自我》（*Incognito*）中指出了一个绝佳的例子，每个有驾驶经历的人都可以试试。想象你开着一辆小汽车在一条三车道的左车道上行驶。你想要到中间车道去。为了完成这个任务，你的手会怎么操纵方向盘？请闭一会儿眼睛，在继续往下读之前，想想整个动作。

极有可能，你会想象自己将方向盘朝右边打了一点，等一小会儿切完车道后，再回正方向盘。这似乎没有问题。但是，我不建议你下次开车时这样去做，因为结果将是一场车祸。你实际上做的是，在方向盘转向右边后，为了在中间车道让车回到向前行驶，你需要将方向盘短暂打到左边之后才能回正。你的大脑知道要这样做——但你的意识极可能不知道。

What Do You Think You Are?

两面派的大脑

大脑经常骗人。特别是在我们比较世界的视觉图像与真实景象时，这一点简直一目了然。我们往往认为我们的视觉类似于生物照相机。眼睛前部的晶体将图像投射到视网膜上的感受细胞，就像照相机的镜片将图像投射到电子传感器上一样。接着视网膜上通过视神经与大脑相连的视杆细胞和视锥细胞组装出图像。但是就像照相机存储的并非一张真实照片般的图像而是一些代表景象的0和1一样，你的大脑也并没有将景象投射到某种内部屏幕上产生你似乎能在面前看到的美丽又清晰的图像。

事实上，来自你眼睛视杆细胞和视锥细胞的信号，经过视神经传输后，会被一系列模块拾取，这些模块可以做各种事情，比如区分形状、处理色块等等。这就解释了你看到的东西所具有的欺骗性。一个明显的例子是你的视网膜里有一个盲点，即视神经连接之处。但是你看不到空白——大脑为你填补了图像。相似的是，你的眼睛一直在以非常快速的小动作规律转动（被称为眼跳）——但你的大脑熨平了晃动导致的急动图像，提供了完全伪造的静止画面。

这种想象的眼—脑合作方式与真实方式之间的脱节可以解释大量的视错觉事件。一个美妙的例子是所谓的棋盘错觉[1]，棋盘上两个颜色貌似非常不同的方块实际上完全一样。

所有的视错觉中，人们体验最为广泛的是月亮错觉。如果你不用望远镜拍一张月亮的照片，你可能会因为它看起来如此不起眼而感到失望。那不是照相机的问题——月亮看起来真的就是这个样子。月球的真实外观尺寸大概和一张放在一臂之遥处的穿孔纸上的孔差不多大小。但基于你还不完全理解的理由，当你看着月亮时，你的大脑将其真实外观尺寸放大了几倍——当月亮在地平线附近时，这种效应尤为强烈。

---

[1] 在网站 www.universeinsideyou.com/experiment3.html 上可以观看这一错觉的动画演示。

7　你的意识是一种幻觉吗？

棋盘错觉。虽然很难相信，但方块A和方块B的颜色灰度一模一样［图像由爱德华·H.阿德尔森（Edward H. Adelson）提供］

另一个你可能每天都遇到的例子是动画错觉，一段由静止图像组成的视频却能显示出流畅的运动。很长一段时间，人们解释这是由于某种被称为"视觉暂留"的东西。意思是你的大脑将一幅图像停留了几分之一秒，如果下一幅图像出现得足够快，那么两者将会合并。这个解释的麻烦在于，这产生的不应该是清晰的动画，而应该是重叠的模糊影像。实际上，动画错觉能发生，是因为你的大脑模块在加工像直线、形状和动作这样的东西，而且你的大脑构建的东西能够符合它熟悉的运动真实世界——它又在骗人了。

这并非大脑的视觉系统所独有——我们所有的意识体验都是被操纵的。当你看到闪电，几秒钟之后听到雷声，你几乎肯定地知道这两个事件同时发生——雷是闪电撕开空气的声音——但这是一种习得知识（intellectual knowledge）[①]。感觉两者不是一回事。然而如果听觉和视觉来自于某件我们对两者间的固有联系抱有假设的事件——例如我们失手将东西掉落地板——我们就能同时听到声音并看到经过。但我们不应如此。我们现在知道视觉和听觉在大脑里的处理速度不同。来自该事件的信号并非同时到达，但我们意识感官印象的构建体将两者进行了合并。

[①] 相当新的习得知识——雷和电长久以来被认为是两种现象。

83

What Do You Think You Are?

人类极简史 这就是意识，吉姆，但和我们知道的不一样

既然我们知道了大脑如此熟练地欺骗我们，我们认知的世界是它给我们呈现的感官图像，那么这种有个"意识之你"居于你头部双眼之后某处、拉着某种操纵杆控制你行为的感觉更加可能也是一种幻觉。这不是说意识不存在，而是说我们对其的认知是靠不住的。

我们也许可以为意识辩护，说尽管某些活动的确可以由大脑和神经系统的自动部分来执行，但这显然不适用于决策过程。这里我们的"意识大脑"真的会负责权衡选项并作出理智决定吗？然而，有些实验证据表明，情况并不总是这样。

20世纪90年代，加拿大神经科学家安托万·贝沙拉（Antoine Bechara）和同事们做了一个实验，要求参与者从四堆纸牌中进行选择。有些纸牌选中后可以给玩家赚钱，其他纸牌则会惩罚玩家把他的钱拿走。受试对象大概在25轮之后才能辨认出哪堆纸牌是平均盈利水平，哪堆纸牌最好要避开。但是，通过测量参与者皮肤上的电导率，科学家能发现神经系统何时开始表明输钱的纸牌堆上附带着风险——这从大约13轮之后就已经开始，远在玩家有意识地察觉输钱概率之前。

这种内在感觉——你可能会认为是直觉——早在你进行有意识评估之前就开始影响你的行为。科学家还在脑损伤的参与者身上做了同样的实验，脑损伤阻碍了他们的大脑获取警告信号，结果他们玩得很糟糕，甚至在他们的确意识到了某些纸牌堆的弊端时也是如此。直觉式、无意识的影响比有意识、逻辑式的评估更强大。

这种纯意识控制的缺位同样见诸我们的基本运动和对感觉的反应。一个显著的例子是美国神经科学家本杰明·利贝（Benjamin Libet）的研究。他在20世纪70年代的研究显示，我们在真实生理体验——比如，手臂被触碰——开始之后的大概半秒钟才能意识到刺激。更加令人震惊的是，他在20世纪80年代所做的实验将我们至少一部分的行为从意识大脑移到了潜意识大脑的管辖范围。

该假说的基本点是，例如，当你决定移动你的手腕时，负责该动作的大脑区域会在你有意识地决定做出动作之前约三分之一秒激活。该动作本身会在约三分

之二秒后做出。这就好像是你大脑里的这个神经回路在对这个动作的觉知渗入你的意识之前就触发了动作①。这里有一个重要的条件——科学家的箴言，"相关不是因果"。

我们等会儿再回顾这个，在此之前我想请你参加一个实验。不是很重要，但真的值得一做。（如果你读过我的书《你身体中的宇宙》，也许已经做过了，如果没有，不妨一试。）做这个实验，你需要上一下网。如果现在不方便，你可以待会儿再做，但如果你再往下读两页，这个实验就不再有效了。登录网页 www.universeinsideyou.com/experiment9.html，按照说明行事。之后，继续阅读，因为我们将回到你的体验上。

相关不是因果

当两个事件在时间或空间上一起发生时，或者如果我们测量的两个值在时间上一起上下移动，很容易假设其中一个事件或值导致了另一个的发生。但是，因果关系的方向也可能反过来，或者两者具有另一个共同的原因，或者这种貌似的联系纯粹就是巧合。相关是事情一起发生，因果（如名字所示）是一件事引发了另一件事。相关不等于因果的一个经典例子是事故高发地标志的神奇能力。

在英国常常可以见到竖起的路牌上写着前方事故高发。在这个标志就位后，几乎总是可以看到事故数量的降低。那些花了纳税人的钱在这些标志上的人认为，这种标志导致了事故的减少——钱花到位了。但是实际上，就算没有放置标志，同样的事情也会发生。这是由于一种被称为均值回归的统计学效应。这些标志路牌被竖起，是因为当地发生了异常多的事故。统计学上来说，一轮事故高发之后最可能接着一轮事故数量的下降，导致总体平均值回到期望水平。放置标志和事故减少之间没有因果联系——两者只是恰好同时发生。

如果公司和政府机构太过依赖于大数据——为了预测未来收集海量数据并让电脑寻找相关性，我们就会面临着这种危险。有了足够的数据，即使不存在因果

---

① 德国科学家汉斯·科恩胡贝尔（Hans Kornhuber）和吕德尔·蒙克（Lüder Deecke）在1964年首先观察到了这种预期效应，还起了一个好记的名字，准备电位（Bereitschaftspotential）。

What Do You Think You Are?

联系,也总是能够发现相关性。如果我们基于处理海量数据寻找相关性来采取行动,结果就将是大规模的数据误读。为了展示这有多容易,甚至有一个网站专门发表这种具有最不可能因果联系的虚假相关性。例如,美国缅因州的离婚率与美国人造黄油的消费高度相关,上吊、勒颈及窒息导致的自杀与美国在科学、太空和技术上的财政支出有着极强的相关性(见下图)。但是很少有人责怪人造黄油或财政支出。

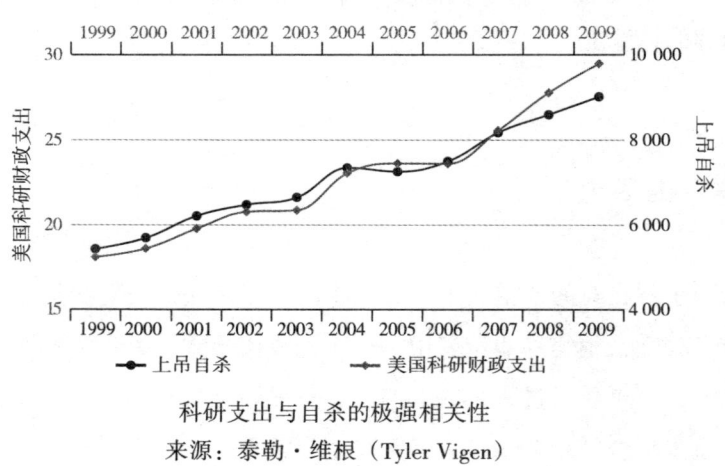

美国在科学、太空和技术上的财政支出与上吊、勒颈及窒息导致的自杀有关

科研支出与自杀的极强相关性
来源:泰勒·维根(Tyler Vigen)

同样,从潜意识意图进入意识决策时刻,这种表面的相关完全有可能也不是因果。美国神经科学家亚伦·舒格(Aaron Schurger)在2012年发表的一篇论文中提到了这一点。他指出,如果真的有在某个时刻行动的意图——毕竟,参与者知道他们应该要做什么——那么完全有可能这个时刻是由大脑活动的随机波动所触发。当这些波动恰好到达某个特定水平时,个体就做出了那个意识性的决定:这个决定不由波动引发,而仅仅是意识大脑被触发开始了运转。

这里的另一个问题是利贝实验中数据收集过程的主观性。确定动作发生和大脑活动峰值的时间的确可能做到,但不可能检测到行动的意识性决定。显然,让实验志愿者(我假设他们是志愿者)在他们决定做动作时大声喊出来,就把问题看得太过于简单了。喊出来这个动作本身是一个运动动作,自身就有内在的延迟。

为了规避这个问题，利贝请志愿者看着一个时钟，在决定做出的那个时刻记下是哪一个快速移动的点亮起。不过，即使这样做也充满了困难。想一想一只鳄鱼。你是在什么时候开始想到鳄鱼的？你能停下来不想鳄鱼吗？很难想象志愿者不去思考他们被要求做的事情。假设我们承认意识存在，确定意识触发的时间点仍然很难。我们对时间的感知完全不客观。

不过，如果抛开这些不谈，从表面上看利贝的发现，即存在某种潜意识的大脑活动，约0.3秒后是意识性的决策，0.2秒后做出动作——对于自由意志概念而言，这说明了什么？我们真的能有意识地做出决定吗？还是说我们貌似的意识只不过是潜意识触发的结果？这些与其说是答案还不如说是问题，因为没人真的知道。

从自由意志的概念产生以来（至少存在了数千年），其是否真的存在就一直存在争议。基于牛顿思想的决定论的发展加强了这一点[1]，这种理论认为，正如法国哲学家皮埃尔-西蒙·拉普拉斯（Pierre-Simon Laplace）所言，如果你掌握了宇宙中每一个物理物体的信息，你就能完美预测未来——永远。它被证明是一个虚假概念，这要归功于量子物理学，量子过程的不确定性和概率论本质意味着未来永远无法被精确确定。

但量子世界的现实也没有为自由意志提供载体——量子化粒子的未来不能像钟表一样被预测，也无法被控制。而且，我们还知道，大部分自然系统都有足够多能产生复杂相互作用的部件，即使它们严格遵守决定论，也不可能进行预测。这些系统在数学上被描述为混沌系统，包括天气，也适用于像你这样的生物系统，所以在某种程度上，我们看得到自由意志的漏洞。

利贝想出了一种理论，把意识对我们行为的掌控程度归还了一部分。虽然他相信最初的大脑活动发生在意识性决定之前，但他也声称实验对象可以在动作发生之前有意识地否定这个决定——感觉这与舒格的观察牵上了线。利贝提出了一个模型：大脑在没有意识输入的情况下启动过程，但该过程可以被意识重写，以缓和最终的结果。

---

[1] 决定论认为宇宙中在某个特定时刻发生的任何事情都由之前发生的事情决定——宇宙（或其某个孤立部分）现在的状态决定了接下来发生的事情，没有其他可能。世事不可强求，顺其自然吧。多里斯·戴（Doris Day）可能就是一名决定论者。

What Do You Think You Are?

背后的秘密

大脑里面当然在同时进行着意识和潜意识过程，感官输入、记忆等在进入我们的意识之前，完全有可能有一部分在潜意识下进行加工。比如说，你几乎肯定遇到过一串声音响到一半才察觉的情况。因为声音在那个时间点才进入你的意识。但是，大脑的潜意识过程早已经察觉到了它，你才能回忆起之前未能进入你意识的东西。例如，如果你在时钟到点报时的声音响起一半时才发觉它，通常你可以准确说出钟声已经响了几次。

如果你还没有做我之前让你做的那个实验，现在是最后一次机会了，登录一下 www.universeinsideyou.com/experiment9，不妨一试。如果你想要参加这个实验，在做之前，请停止往下读。

在实验中，可以看到一群学生在互相传球。你被要求计数白衣学生的传球次数。正确的数目是16。但如果你观看了整个视频，你会知道，我们根本不在乎这个。重要的是视频中发生了一些令人惊讶的事情。大约一半不熟悉这个实验的观看者注意不到它。视频播放中途，一个穿着大猩猩衣服的人穿过舞台。如果你没注意到，非常正常——如果你不相信，回过去检查一下。

这个实验的关键点是你对事情发生经过的有意识觉察——你的注意力——很容易被误导，可能是因为你没有真正"看"到你脑中投射屏幕之外的世界，但是，我们介绍过，你的感官输入是由一系列大脑模块所确定的，这些模块可以把信息输入或不输入到你的意识中。

正如视频后来显示的旁白所言，隐形大猩猩现在是一种得到了广泛报道的现象，你也许知道了这里会有大猩猩的存在，所以很难再将其忽视。但是你仍然很容易漏掉视频中发生过的其他两个变化。最近一次观看时，我完全知道视频中除了大猩猩还有其他东西，但我仍然漏掉了其他两个事件中的一个。

不管我们认为意识会处理到现实的哪个层次，毋庸置疑的是，它只代表了人类大脑中每时每刻所发生事情的相当小的一部分。正如戴维·伊格尔曼所言：虽然我们的内心世界依赖于大脑的运转，但它自有章法。它的大部分活动都越过了意识大脑的安全审查……你的意识就像一艘跨大西洋蒸汽船上的小小偷渡客,把旅程归功于自己,完全忘了脚下的巨大机器。

一些哲学家走了另一个极端,他们认为,意识的局限性意味着它是一种幻觉;另一些人认为意识存在,但没有真正的功能——你的身体和大脑没有它也能运转。据他们的理论,意识做了一次令人满意但毫无必要的概述。不过,既然说到了哲学家,也有人感觉意识这种现象不只是你的念头、感觉和经历的集合。归根结底,我没法告诉你应该怎么想;你自己做决定吧。

处理虚幻

如果意识真的存在,那么这个内在的"你"就不仅能接触到你的感官输入、思考过程和记忆,还能幻想不存在的东西。你可以展开想象。除了科普书,我也写小说[①]。在写犯罪小说时,我脑海中的人物和他们的所作所为真实得就像我的记忆一样,好像不久之前"真的"发生过。可以说他们更真实,因为与大部分记忆的情况相比,我在小说场景中构造的细节要丰富得多,除非记忆得到了照片或日记的支持。同样的事情也发生在我阅读小说时——我仿佛就在小说现场,即便这个"现场"并不存在。

"内在之你"处理小说的能力有非常实用的方面——可能也是我们拥有这种能力的原因——那就是可以玩"如果……会怎么样"游戏。它是创造力的核心所在,也是它,让我们与地球上所有生物区分开来。我们极强的"如果……会怎么样"能力还是某些人仍坚持认为我们是唯一具有意识的动物的原因。毫无疑问,在科学家的心目中,这个能力不外乎也是大脑中电化学过程的结果。但我们依然感觉到意识不只是我们记忆、感官输入和念头的组合。

这并没有把我们带回那个坐在你双眼之后的小小的"你"(体验着意识的流动)——但它使得意识变成了从大脑各个功能部分中涌现而出的东西。我们介绍过,涌现的现象不会单独存在,而是远远超过了各部件的总和。想一想微观层面

[①] 可见于网站 www.brianclegg.net/fiction.htm。

What Do You Think You Are?

的你。仅仅一堆原子，或者分子结构，或者大量生物细胞，产生不了你。"你"从这些部件的通力合作中涌现而来。同样，可以认为大脑中没有哪一个功能部分产生了意识，意识是从这些功能部分的相互作用中涌现的。

需要着重指出的是，即使是创造力，我们也无法将一切归功于意识的机制。当我做创意培训班生意时，我常常问大家，什么环境下能产生最好的点子。回答从来不是坐在办公桌前（有意识地）绞尽脑汁的时候，通常都是他们在进行一个让他们从意识分心的活动时——从散步到淋浴——或者当他们把要求丢在一边睡大觉时。

你的大脑似乎特别擅长在有意识关注某个要求之外的时间产生新的联系并想出新的点子。但是，同样，我们无法完全将意识排除出这个过程。正是意识首先问出"如果……会怎么样？"和"我怎么才能？"的问题，并将那些想法和点子变为现实。即便如此，创造力肯定也有无意识的部分。

逻辑的不可忍受之轻

潜意识对你大脑的影响还有另一种方式。试着解答下这个简单的问题。你面前有这么几张纸牌，每张纸牌的一面是字母，另一面是数字。如果要验证假说"如果纸牌的一面是A，另一面就是一个偶数"，你需要翻开哪张牌？

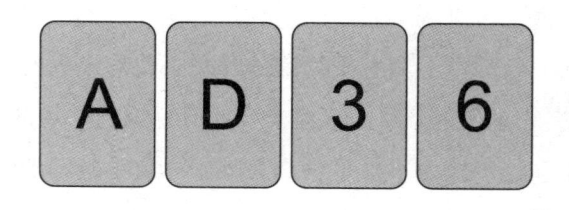

A　D　3　6

现在花点时间做出你的决定。

正确的答案是，你需要翻开A和3。你也许忍不住想翻开6——但无论纸牌6的另一面是什么，假说仍然成立。假说的要求不是来自偶数，而是来自字母A。因此你显然需要翻开纸牌A。稍微不那么明显的是，你还需要翻开纸牌3——因为如果你发现它的另一面是A，假说就不成立了[①]。

超过75%的人会在这个挑战上出错，在某种程度上，这说明我们大部分人没有学会逻辑。但是如果同样的纸牌用酒精/非酒精饮料代替字母，用饮用者的年龄代替数字——前提条件是每张牌一面是年龄另一面是该年龄的人消费的饮料——参加测试的人更擅长于知道翻开哪些牌去揪住合法饮酒年龄以下的饮酒者。

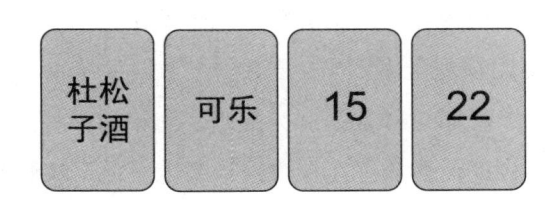

| 杜松子酒 | 可乐 | 15 | 22 |

问题几乎一样，但你的解题意识得到了潜意识的协助，使你很清楚无须翻开纸牌"可乐"和纸牌"22"。有人认为，当问题不再抽象时人们的解题能力会增强。这是因为，我们解决社会问题的机制已经进化到了无须字母/数字版本卡片问题所要求的那种高难度意识性逻辑也能运转的地步。

上面很多例子都削弱了大脑意识部分的必要性——我们介绍过，有些心理学家和哲学家告诉我们意识完全就是幻觉。戴维·伊格曼认为，这是错误观点。但我们很容易这么错误地认为，因为意识不是行为的掌控者，而是一种纠错机制——当处理我们绝大部分行为的自动过程不能应对一种情形时，它就接管过来。它是大脑的国际救援队，在灾难发生时出动。

在某些情况中，这当然有道理，但在有些时候，比如，我刚才决定拿起一张纸巾擤鼻涕[②]，有点难以理解意识为什么必须参与调停。从利贝实验来看，有可能这个行为完全不是由我的意识大脑所触发。但是，如果我们接受利贝的解释，那么我的意识除了扮演着救援审查官的角色之外，很可能还是一种确保这是最佳应对动作的检查手段。

[①] 这个问题常常没有"纸牌的一面是字母，另一面是数字"的前提条件。如果没有这个要求，我们还需要翻开纸牌D，因为另一面可能是A。

[②] 有些读者会将这句话看作是"我刚才决定挖鼻孔"，这反映了意识大脑和潜意识大脑另外一种有趣的互动。

What Do You Think You Are?

好吧，但意识到底是什么？

意识科学中没有物理学或气候变化中的那种共识，这告诉我们，目前为止，鲜有科学证据能确定意识是什么。我们知道发生了什么，但似乎极不可能得出共识来回答为什么。英国物理学家罗杰·彭罗斯（Roger Penrose）与美国麻醉科医生斯图亚特·哈默罗夫（Stuart Hameroff）提出了意识的一种潜在物理学来源，但说它充满了争议都是极度低估的。在探讨这个假说之前，有必要介绍一下罗杰·彭罗斯。

彭罗斯是典型的数学物理学奇才，他在自己的领域做出了杰出的、实实在在的进展，得到了广泛的认可，但同时也被认为不按常理出牌，因为他会支持一些没有很多证据支撑的理论。尽管主要是一位研究物理学的数学家，但彭罗斯一直对认知和现实充满了兴趣。彭罗斯在二十几岁时，就和他的父亲精神病学家莱昂内尔·彭罗斯（Lionel Penrose）一道提出了两个著名的视错觉：彭罗斯三角和彭罗斯阶梯。

彭罗斯三角和彭罗斯阶梯

彭罗斯阶梯启发了埃舍尔（M. C. Escher）的著名画作《升与降》(*Ascending and Descending*)，画作把这种不可能楼梯嵌入了精致的建筑物。他们两人的关系不止于此，因为埃舍尔的作品表现出了对对称性和复杂瓷砖铺装表面的痴迷，例如埃舍尔的《平面规则分割研究》(*Study of Regular Division of the Plane with Reptiles*)。

罗杰·彭罗斯后来解决了一个关于瓷砖铺装的几乎不可能解决的挑战：如何用图案不重复的瓷砖铺装一个表面。彭罗斯铺装法的图案乍看起来似乎是规则、重复的形式，使用的简单瓷砖形式少于两种，但实际上确实没有重复。

彭罗斯的风筝和飞镖（kite and dart）铺装

彭罗斯发展了一些令人印象深刻的宇宙学和天文学理论，不过不太可能通过观察证实。但他与哈默罗夫的合作引发了意识研究者的不满。彭罗斯和哈默罗夫的假说基于一种被称为微管的大脑显微结构。一切发生在神经元内部：彭罗斯和哈默罗夫在他们的"协调客观还原（Orchestrated Objective Reduction）"理论中提出，微管存储了一种量子比特形式——计算机比特的量子计算等价物，这些量子比特间的相互作用产生了意识和自由意志。

量子计算机是真实存在的——这种计算机不使用赋值为 0 或 1 的电子比特，而是利用了量子比特，常见形式是量子化粒子，如电子或光子。量子比特一次不止一个状态——例如，它们可以具有一种性质：40% 上和 60% 下。这使得量子计

What Do You Think You Are?

算机用少量量子比特就能解决需要常规计算机耗费宇宙年龄进行计算的复杂难题。

不幸的是，彭罗斯和哈默罗夫的迷你大脑量子计算机有严重的实用性问题。我们在市场上买不到量子计算机的原因在于，极难将量子比特保持在功能状态，并将信息输入和输出计算机[1]。大部分量子计算机必须冷却在零点几绝对零度（-273.15 ℃）的温度范围，否则原子的热活动会摧毁量子比特脆弱的状态。大部分科学家都认为量子比特在大脑温暖、湿润的环境里极不可能运转。当然不存在支撑证据。

你可能还会遇到一些新世纪运动（New Age）的理论，认为意识产生了万物——提出意识之外没有现实。这种概念的提出者往往不当利用了量子物理学。例如，早期的量子物理学有一种理论叫做观察者效应，即需要有意识的观察者才能让量子过程的其中一种或多种可能结果变为真实。但这个理论很久以前就被物理学界所摒弃了，而且绝对没有证据的支撑。那不是科学，是科幻。

你想被传送上去吗？

如果彭罗斯的微管量子比特存在，它们之间的通信必然要牵涉到量子隐形传态（quantum teleportation）。这个过程在量子物理学中真实存在，就像是迷你版的《星际迷航》（Star Trek）传送器。传送器这种科幻装置可以把人或物分解为原子，扫描之后用一束光传送到另一个地方再重新完美组装。想要实现这一点，必然会撞上我们在处理像原子这样的量子化粒子时所面临的一个实际限制——测量改变状态。

测量改变状态会导致一种叫做"不可克隆原理"的东西，该原理证明，精确测量特定量子化粒子的定义参数以在别处将其复制是不可能做到的。但是，量子隐形传态利用了一个聪明的变通措施。它可以远距离将一种或多种属性从一个粒

---

[1] 严格来讲，如果你有150万美元的经费，你可以给自己买一台D-wave牌的"量子计算机"。不过，这种计算机利用了某种近似量子计算的原理，但还不是真正的量子计算机。在写作本书的时期，最好的实验室真实量子计算机只能短暂地运行80个量子比特——离通用还差得远。

子转移到另一个。第二个粒子变得和第一个粒子完全相同——但我们永远发现不了这个粒子真实的样子。量子隐形传态的机制依赖于这一点。

目前，这种传态只能做到传送粒子的单个属性，做不到全部属性，而且一次只能处理一个粒子或一群相同的粒子。虽然将其扩大到一个物体甚至一整个人是可能做到的，但挑战十分巨大，因为任何大到我们可以看见的物体都有海量的原子。

一个成人的原子数目一般为 $7×10^{27}$。假设我们制造了一台一秒可以处理一兆原子的装置，处理整个身体仍然需要 $7×10^{15}$ 秒，超过 2 亿年。所以，尽管量子隐形传态真实不虚，但星际迷航式的传送器仍极不可能存在。然而，如果它真的存在，通过它进行传输会让你粉身碎骨，还让你的每个原子失去目前的属性——完全解体——同时在别处构建一个完全相同的等价物。

这个完全相同的复制体会拥有你大脑中所有的记忆、所有的经历、完全相同的化学和电过程。这个复制的你与原来的你不可辨别。不仅仅是能骗过别人——对于一个外部观察者来说，它就是你。对于意识的本质来说，这就有着非常有趣的意义。如果意识完全就是幻觉，或许这件事就无关紧要，你会很乐意使用这种装置。但是如果意识存在——一个能某种程度上持续存在的自我（无论你是否相信二元论灵魂），那么，这个传送器将会把你抹掉，再制造一个复制品。我肯定不愿这样做。

就像量子比特一样，在大脑温暖、湿润的环境中做到量子隐形传态也不是件容易事。可以在实验室之外做到，但涉及的装置仍然需要极端受控的环境。再一次，我们得到了一个真家伙，但它似乎极不可能是意识所涉及的机制。

人工智能到人工意识

科幻作品中另一个很早就被滥用的未来概念是人工意识——认为某种信息技术有一天会发展出意识。

通常，这种故事依赖某个网络增加了越来越多的能力，直到有天它复杂到涌现出了意识。例如罗伯特·海因莱因（Robert Heinlein）在 1966 年写的经典小说

What Do You Think You Are?

《严厉的月亮》（*The Moon is a Harsh Mistress*），书中控制月球殖民地系统的电脑发展出了意识，使殖民者靠之获得了独立。技术获得意识的一个不太乐观的后果是《终结者》电影系列里的"天网"产生了非分想法。

不过你的笔记本电脑突然发展出意识的危险非常之小。电脑结构和你的大脑相比非常不同，且灵活性差得远——两者的相似之处被夸大了。但是计算机科学家有没有可能从这些科幻故事中得到启发，主动制造一个有意被设计为发展出意识的装置呢？这里的一个严重问题是，区分模拟和现实的难度。

从阿兰·图灵讨论的图灵游戏（玩家尝试区分计算机和人对问题的回答）开始，人们编写了很多计算机程序模拟人类对话。你可以到 www.universe inside you.com 网站上体验一个非常粗糙的版本，叫做"Eliza"，最早发明于20世纪60年代，网页上还导向了一个更成熟的现代"聊天机器人"。没人会认为这些程序拥有意识。即使某个程序开发出来完全与人类无法区分，我们也知道在它背后是有人聪明地设计成模拟人类的行为。

但是，美国哥伦比亚大学的机器人专家霍德·利普森（Hod Lipson）的目标是制造一个真正有意识的装置。利普森相信给电脑创造意识的关键是他称之为"自我建模"的东西。这就要求机器人对其身体和物理行为方式建立一个心理模型，与控制其身体运动所需的真实设施区分开来。

例如，利普森开发了一个具有自我生成模型的机器人手臂，它在与环境互动时学习到了这个模型，使它能完成未经外在训练的任务。尽管利普森没有说这个机器人拥有和人一样的意识，但他称赞"他"能问出类似"我的手要运动到哪里"这样的问题。

不过，就像聊天机器人一样，很难看出它如何可能分辨模拟和现实。即使这个装置使用了"人工智能"学习技术，而不是被硬编码为完成特定任务，这也仅仅意味着它被训练如何写入模拟。但是，利普森相信，将这种"自我建模"能力扩展到认知过程，就能涌现出一种意识版本。

谁在做主？

现在看来很清楚，意识没那么容易分析，意识领域的哲学家和心理学家用了"大难题"这个标签可能没有错。仍然有许许多多的意识理论徘徊在科学的边缘，因为几乎没有什么令人满意的办法将它们证伪。我们介绍过，有些哲学家完全否认意识。英国哲学家苏珊·布莱克莫尔（Susan Blackmore）在意识主题上所著甚广，她说："意识是一种幻觉，一种诱使我们相信我们的心智独立于我们身体的诱人且不可抗拒的幻觉。"

从唯理论、反二元论的视角来看，提出意识其实不存在的说法当然很有吸引力。但是如果考虑到犯罪和惩罚，这可能会给我们造成潜在的麻烦。如果我们没有理性的监督来控制我们的行为，而仅仅遵从由缺乏意识性决策的低级程序构成的极复杂组合去行事，那么我们难道真的可以说能为我们的任何行为负责吗？——不管这些行为违法的程度多深，或者公认的基本行为准则又是什么。

如果意识不存在，那也许可以说你不用为你的任何行为负责。这不是说无视错误行为。如果你犯了罪，把你关起来以免再犯，或者提供工具和技术避免你再次陷入这种境地——例如，通过教育——这些是完全合法的。同样，将震慑犯罪作为选项也可以接受，比如修改你的潜意识子系统的输入，改造你的行为。但是，惩罚和惩戒的概念将完全失去意义。

我们在第9章将介绍，遗传对行为和个性有重要影响，脑损伤和脑肿瘤也是如此。这清楚地表明意识在决定你的行为举止方面作用有限。我们都会做选择。就因为你的某个基因变体与那些暴力犯罪分子相同，不能说明你就会伤害他人。然而，我们必须将我们的遗传组成、环境和心理子系统的贡献放在一起进行考虑。如果意识真的存在（我倾向于如此认为），我们必须牢记在心的是，它对大脑的总体活动影响极为有限。

What Do You Think You Are?

诸多解释之一

那些在意识领域提供众多理论试图解释意识的人，在哲学上的开拓往往多于科学。罗列所有这些理论感觉没什么意义。但是，为了了解一类可以放在一起讨论的假说，我们简要探讨一下由美国加州大学圣巴巴拉（Santa Barbara）分校的心理学家乔纳森·斯库勒（Jonathan Schooler）和律师、哲学家塔姆·亨特（Tam Hunt）发展的一种理论。他们把意识归于振动。

任何一个曾遭遇科学家所称的"woo"——指新世纪运动哲学使用没有任何科学内涵的科学语言——的人看到"振动"这个词语马上就会产生警觉，这个词可是伪理论领域的宠儿（尤其当这些理论与水晶球有关时）。但是，公平地说，斯库勒和亨特的理论不是这种情况。他们的理论起点是，在自然界中，万物——甚至是貌似静止的固体的原子——都在振动。完全正确。振动可以通过一种被称为共振的过程联系起来，同步并彼此支持。

共振是你用湿手指摩擦酒杯边缘能使其发声的原因所在。也使得伦敦千禧桥因为行人的脚步产生了令人恐惧的跳动，直到放置了专门的阻尼器才停止。物体以特定振动频率一起同步的趋势被称为自发式自组织现象。例如，想想一种貌似的巧合：月球的自转速度恰好使其在公转时保持同一面朝向地球。

月球的自转被"潮汐锁定"，因为潮汐力扭曲了月球的形状，导致月球表面靠近地球部分产生更大的引力拉力，随着时间过去使其自转速率与公转速度发生了同步。对于斯库勒和亨特提出的意识理论来说，发生同步化的是大脑中各种电振荡的不同活动频率，有时候被描述为"脑波"[①]。脑波根据大脑活动类型，或多或少会发生同步化。

斯库勒和亨特提出，我们体验的意识是大脑各部分振动的共振同步而产生的一个大于各部分总和的整体。他们从该理论得出的一个最奇怪的结论是，万物都绝对有一定程度的所谓"意识"——甚至是一粒沙。但是沙子的"意识"过程在

[①] 与脑电波没有关系，脑电波是可检测的脑电活动。

极低的水平，所以不产生任何可测量的效应，而人类大脑非比寻常的复杂性将意识的概念带到了全新的高度。

有没有任何证据支持这个理论呢？没有。记住，"相关不是因果"。就因为你的大脑里可能比沙粒存在更多的共振，不意味着这就是你比石头更有"意识"的原因——或者，甚至是不意味着意识就因为这点而存在。但是，斯库勒和亨特与大部分伪科学理论不一样，他们提出了一种科学机制——不过没有证据支持或反对这个理论。这也是大部分像样[①]的意识理论普遍给人的感觉。

我之前声称意识至少有一种作用，那就是对创造力的贡献。现在我们需要扭转过来。本书写了"是什么造就了你"。这其中很多都是生物学的功劳——绝对不是全部。人类的创造力意味着，我们可以塑造我们的环境，并以其他生物做不到的方式改变我们的能力——是时候超越生物学了。

---

① 或许"近乎像样"更准确点。

8 生活不只有生物学

对于我们绝大多数的前人类祖先来说（以及今天的大部分活生物体），生活完全就是生物学的基本要素——生存和繁殖。但是，300多万年前，智人的前物种开始使用石器，给自身的生物学定义增加了一个额外的维度。现在我们的生活已经变成了一张复杂的技术和贸易网络，没有这张网络，很少有人能活过几天。

媒体一直在担心技术对我们的影响。社交媒体正在让我们失去以"自然"方式社交的能力吗？玩暴力电子游戏会让我们在现实世界更具有侵略性吗[①]？我们当然需要问出这些问题，但它们只是人类的创造力影响你成为你的非常小的一部分。

从生物学的角度来说，我们与200 000年前的第一批人类非常相似，这意味着有时候我们对于世界的反应脱离了世界当前的本质。不过由此认为你与遥远的祖先没什么不同未免有些幼稚。诚然，我们经历了微小的进化学变化，但生物学方面可以忽略不计。但正是我们创造的这个崭新的技术世界（无论好坏），让你迥异于你的先辈。我们现在可以改造我们的环境，我们的能力没有什么其他生物曾拥有过。或许这种能力对你最为戏剧性的影响方式是，如果没有它，你有超过50%的概率会死。

不死的好处

热衷于回到更简单、田园诗般中世纪生活方式的人往往掩盖了一个事实：工

[①] 暴力电子游戏让人更暴力，这个理论常见于媒体报道，但缺乏良好的科学证据。在写作本书时，美国前总统特朗普还在回应本国最近的大规模枪杀事件时再次提到了这个理论。

业革命之前大部分人的生活都很不舒服。工作的劳动强度极大，缺少智力刺激性。因为缺乏将食物从远方运输过来的能力，毁坏的庄稼不仅仅是财政损失——还意味着生死之别。

甚至现在，有了所有这些技术优势后，农业还是任由大自然力量的摆布。我最近在酒吧和几个农民小酌，其中一个农民讲到了他的整块萝卜地——十几亩——如何被成群的一种叫做跳甲的小昆虫一扫而光。他还知道有人因为这些害虫损失了数百英亩的庄稼。这件事当然让他很不高兴，但他的家人并不会因此挨饿。但是在过去，事情则会完全不同，损失庄稼就意味着饥饿。

食物不是技术改变环境之前唯一的问题——直到近150年，医学才逐渐变为一个科学学科。甚至是维多利亚时代，医生行医害多利少也并不罕见，他们会采用诸如放血这样弊大于利的疗法，因为他们完全不知道病因。食物短缺、居所寒冷潮湿以及无力对抗疾病，这些因素结合起来，导致英国在20世纪初的人口统计数字极为糟糕，男人的平均期望寿命为45岁，女人是49岁。再往前推一两个世纪，你还可以把这些数字减去十好几年。

这里我们要小心一点，因为很容易被统计数字误导。平均数非常有用，但它们告诉不了我们足够的信息。假设我带你去满座的伦敦温布利球场，告诉你球场里人们的平均财富是每人120万英镑（1 123万人民币）。大家很容易认为这个地方挤满了百万富翁。不过，如果其中一个人恰好是杰夫·贝佐斯（Jeff Bezos）呢？作为我写作本书时全球最富之人，贝佐斯身家大约为11 196亿人民币。这意味着球场里其余89 999个人都身无分文。如果牵涉到极端值，平均数就会产生误导信息。

同样，早些年的低期望寿命也没有说清楚到底发生了什么事情。这不是说大部分人都在三十五六岁或四十几岁就死亡。相反，如果你活到了40岁，你完全还可能活到60岁。但是，年幼夭折的人比现在多得多。具体的数字很难获得，但在1800年，超过40%的儿童在五岁前就会死亡。不到半数能活到成年。想一想——在那时，大部分的坟墓都是给儿童的。

所以，假设你已经至少过了18岁，那么，如果没有现在的技术安全网，在过去你可能已经死了。能活下来而不是死去，肯定是造就现在的你的关键部分。

What Do You Think You Are?

在篝火旁 _{人类极简史}

或许在医学发展之前,第一个减少死亡概率的功劳是由基本工具和火立下的。像石斧这样的工具,其好处显而易见——它们使得打猎、防御动物、收集食物和后来的农业得以成行。但是,火可能起到了主要的作用。火不仅仅能保暖和吓跑捕食性动物——还让我们的祖先得以烹饪食物,而这有几个巨大的好处。

把食物加热无疑是一次意外之后的发现,最初的好处可能是改善了风味和口感。烹饪改变了食材中的一些蛋白质,使其更易咀嚼和消化。那些只吃天然植物以节食的人很快就会发现,仅仅是咀嚼食物就不得不花大量的时间,才能获得足够的营养。同样,烹饪能改变风味和气味,把碳水化合物分解为更简单的糖,释放出好闻的化学物质,提升吃饭体验。

不过,烹饪的健康益处远远超过食用价值。近些年来,"天然"是一个好词语,与之相对的是带有消极意味的加工食品。但是,烹饪还能杀死细菌和其他危险的污染物,并消除大量的天然毒素。我们需要记住,大部分现存最毒的物质都是天然存在的。例如,芸豆含有植物血凝素,一种致命的物质,所幸能被烹饪消除。

四体液说 _{人类极简史}

有效的医学理论发展出来的时间要比烹饪技巧晚得多。就像天文学一样,医学长久以来被锁定为一种对现实的不精确模型。就在天文学家奋力走出地心说宇宙的同时,世界上很多地方的医生还停留在"四体液说"上:体液是身体内部必须维持平衡的物质,通常还伴随着某种生命力理论。四体液——黑胆汁、黏液、血液和黄胆汁——分别对应当时认为构成物质的四元素:土、水、气和火。不过,遗憾的是,该理论完全就是无中生有。

这意味着早期医学的效果极为有限。通常有些通过试错发现的草药疗法恰好有效——但是医学理论完全基于一种错误概念，因此衍生的很多疗法完全无用，或者说，更可能有害。不过，这并不是意味着当时就完全没有一些合理的健康理念。

在一个名为"关于艺术和自然的神奇力量以及关于魔法的无效"（Letter Concerning the Marvellous Power of Art and Nature and Concerning the Nullity of Magic）的文件里，13世纪英国修道士罗杰·培根（Roger Bacon）花了几页篇幅讨论卫生保健。不可否认，培根被当时的一些神话所迷惑。他写道："英格兰的托尔梅利夫人（Lady Tormery）在寻找白鹿时，发现了一种药膏，森林的看林人将这种药膏涂遍了脚底之外的全身——他活了300年，除了脚痛脚伤之外，无病无痛。"但是，培根对于健康的总体建议即使放到国家卫生署（NHS）的网站上也没有什么不妥。他建议，"真正的疗法"可能是"一个人年轻时在所有方面遵循完全的健康规范，饮食、睡眠、行走、运动和休息……"

到17世纪，提供医疗服务的人有从事草药医学的药剂师、基于四体液说的内科医生和闲暇时兼职理发师的外科医生——事情不太理想是完全想象得到的。只有到人们抛弃瘴气（污浊空气，与人们经常被鼓励呼吸的"新鲜空气"对比）病因理论后，医学才开始往前发展。

尽管还不完美，但现在的医学科学已经取得了长足的进步，这要归功于人们对人体在分子层面的运作方式的深入理解（可以开发更成熟的药物），对病毒和细菌的理解，还要归功于没有现代技术不可能存在的手术技术，特别是麻醉技术。如果没有医学干预手段帮助你活下来成为今天的你，你现在不太可能惬意地读着这本书。

你的穿着就是你

不过，造就你的不只有生存——还有可能与独特性有关。当我们初次与人见面时，对方的穿着会产生重大影响。我们的衣服透露了我们的一些信息。虽然衣物的确可以帮助我们生存——特别是在极端环境中时（想想宇航服、防热服或防寒服）——但衣服远远不止这些作用，它还能使我们成为富有个性的个体和部落

What Do You Think You Are?

成员。

我在之前的书《你身体中的宇宙》中写过，织布可以追溯到至少27 000年前，用针缝布或兽皮则大约有40 000年历史。我们还发现人类穿着衣物的历史估计有50 000到100 000年，这要归功于人们对体虱来源的调查。

头虱的历史比体虱长得多，据信虱子家族的体虱是从我们开始穿衣服才得以脱离了头发的保护——时间点和人类走出非洲进入寒冷环境的估计时间表很吻合。虽然很明显，穿上暖和的皮毛可以帮助早期的人类取暖，但有很强的证据表明，有些衣物被人穿着更多是为了效果而不是保温。

一个很好的例子是在法国西南部莱斯皮格（Lespugue）的一个山洞里发现的一座雕像，它大概有25 000年历史。这个小小的女性雕像由象牙雕就，穿着一种挂在臀部下的短裙。从它的位置和合股纤维的构造来看，短裙似乎更可能具有某种宗教或象征意义——或者只是为了看起来有吸引力并且显示个人地位——而不是给穿着者保温的。

考古学家举出这些衣物的象征性大于功能性的例子，是为了强调我们的穿着在很大程度上建立了我们的地位。例如，在都铎时代，地位低下者穿着精致衣服是非法的。甚至现在，制服都发挥着宣示地位的作用，比如英国法官不切实际的马鬃毛假发。还有一些衣着起到了吸引异性的功能（想想都铎时代对于巨大遮阴布的热衷）或者作为拒人千里之外的标志，比如伊斯兰教的头巾和中世纪的修女头巾。甚至大批量生产的标准服装也能帮助加强我们的身份和个性。例如，我个人喜欢穿马丁博士（Dr Martens）牌鞋子。不是因为它们是最好的鞋子，或者能提供任何生存益处——仅仅因为它是我个人身份的一部分。

有些人以穿着的方式建立个性——或者，就这点而言，以我们修饰身体的方式。可能是通过暂时的改变，比如化妆和首饰，有些是半永久的方法，如穿耳洞，有些是永久的纹身。所有这些装饰往往受到了时尚的影响。纹身近来变得更被大众所接受，在50年前的英国，你只能在水手身上看得到它。已知最古老的纹身可以追溯到约5 300年前的奥兹（Ötzi）身上，即所谓的冰人。奥兹的尸体在1991年被一位游客发现，冻存在奥地利和意大利之间的一座冰川里。奥兹身上一共有47处纹身。

很多人仍然抗拒纹身，因为纹身缺乏灵活性——没有多少纹身者会一辈子穿着同一件衣服——但是化妆和体绘得到了人类广泛的使用，可以追溯到人类最早的历史。有时候是为了遮瑕，有时是为了增色——很多化妆者都认为化妆是造就自我的重要部分。

一个例子是古埃及人使用的眼妆。已知最古老的人工化妆制品是埃及的眼部化妆盘，可以追溯到约12 000年前。通常，它会用到黑色眼影粉，一种用碳烟混合矿物制成的黑色物质。有人认为，黑色眼影粉的部分作用是减少极晒条件下从皮肤反射到眼睛的阳光量。不过遗憾的是，由此得到的任何健康益处都会被里面的矿物所抵消，这些矿物通常含有硫化铅，有导致铅被皮肤吸收的危险。

同样，人类改变发色的历史也有数千年。古希腊人以及后来的古罗马人都对金发深深痴迷，这种痴迷反映在教皇大格里高利（Pope Gregory the Great）的一句评论上，任何在学校学过拉丁文的人都会很熟悉：当看见来自盎格鲁王国的金发奴隶时，据说他说了句，"Non Angli sed angeli"——不是盎格鲁人，而是天使。尤其是古希腊人，他们使用了一种"日晒"式头发漂染方法，将头发放入一种特制药水中，然后坐在阳光下等待头发颜色变浅。染发是一种更现代的形式，使你超越了你的生物学内核，也造就了你从镜子中看到的"你"。

万物源于比特

美国物理学家约翰·惠勒（John Wheeler）有一个比较晦涩的宇宙学理论，叫做"万物源于比特"。该理论认为，整个宇宙实际上由信息所构造。无论这个理论是否正确，很难不认为信息技术是造就今天的你我的主要驱动因素之一。当然，其他大量技术也有贡献——比如交通运输。但是很难想到还有另一种技术进展能变化如此之快并将长久地得到加强。

看到"信息技术"这个词语，你脑海中第一个想到的可能是电脑或智能手机。但是，我们需要铭记书写在我们的社会、经济和科学发展中的重要性，它是最基础的信息技术。是书写让我们不再重新发明轮子，使得在空间和时间上传递知识成为可能。

科学家被引用的最著名的一句话——艾萨克·牛顿［来自他的一段评论，可

What Do You Think You Are?

能转述自英国学者和《解析忧郁》(The Anatomy of Melancholy) 的作者罗伯特·伯顿（Robert Burton）]——"我能看得更远是因为站在了巨人的肩膀上"[1]。但是如果没有书籍和文字，牛顿也没法在别人的想法上继续发展自己的理论。

早期的信息技术经历了一些改良。在电子时代之前，书籍技术的两大成果是手抄本和印刷术。早期的书籍形式是卷轴。它们长度有限，储存不方便，阅读时很难握着，也不可能做到轻易地前后翻动位置。虽然古罗马人基本上对科学没做什么贡献，但他们的技术颇为可观，其中一个特别的贡献就是手抄本，他们将成捆的纸张合钉在一起，形成了我们今天的传统纸质书形式。

活字印刷术是又一个使信息易于流动的关键技术。数百年来，复制一本书的唯一方法是靠辛苦的手抄。印刷术改变了一切。印刷术的历史有一段时间了，最初是在一块木板上刻出反文，一次可以印一整版。现存已知最早的印刷图书是中国的敦煌古书《金刚经》，可以追溯到868年。

中国人还发明了活字印刷术，这种技术将单个的汉字刻在独立的小字块上，合在一起印出一页，印完后又可以重新排列使用。字块最开始是木制或陶制，可以追溯到11世纪，不过更耐用和更易成型的金属字块要到14世纪才占据统治地位。

虽然中国人发明了这一技术，但活字印刷术引发变革的地方不是中国，而是欧洲。这可能是因为欧洲文字印刷所需的字符更简单。使用罗马字母表印刷只需要不到100个不同的字符类型——但是中文的一本书可能需要用到数千个不同的汉字，使活字带来的好处要小些。

光速传播的消息

虽然书本和杂志对于知识的传播绝对重要，而我们现在往往将信息技术等同于电子技术；但引发第一次电子革命的却不是电脑，而是通信技术的一次变革。

---

[1] 牛顿这句著名的话写于给罗伯特·虎克（Robert Hooke）的一封信，常被引用作为激励人心的话语。但值得一提的是，牛顿可能故意用这句话来羞辱虎克，因为虎克宣称牛顿窃取了他的想法，而虎克身材矮小，可不是什么巨人。

纵观人类历史，信息大部分时候都是以动物的速度传播——不管是由行走的人还是马背上的信使携带。一个消息要从世界的一个地方传到另一个地方，可能要花费数天、数周甚至数月的时间。不可否认，有些方法可以加速——但它们往往受到了信息复杂度的限制——两种常被使用的媒介是声和光。

即便不用技术，我们也在利用这两者进行通信，那就是通过说话的声音和从手势到身体语言的视觉指示。但是使用一些简单技术，我们可以扩展这种直接的人类沟通方式。例如，教堂的钟声可用来召集人们去教堂做礼拜或者作为入侵的警报，而烟、旗子或夜间的火光曾经被用来作为警报信号，可以传递数公里的距离。必要时可以借助一系列站点，将视觉信号从一处传递到视线以内的另一处地方。

不过这些通信技术不会改变多少日常生活。以远超骑马通信员的速度将一系列符号（某种密码）传递出去才算是信息传递技术的真正进展。虽然因为使用规模较小所以没有写入历史，但法国发明家克劳德·沙普（Claude Chappe）还是做出了一些实用的尝试。

沙普的第一次尝试可能有点扰邻。发送者和接收者都拿着一块有秒针的钟表。发送者还有一个大锣。事先安排好一些敲锣声，用来让双方钟表同步。之后，可以通过在发送者的秒针对准钟面上某个特定数字时敲锣传递信息。为了更方便，发送者和接收者可以在钟上贴上一系列的字母。

与光相比，声音的优势在于不必非以直线传播，但声音传不了太远，而且传播距离容易受到风的影响而不稳定。如果要用这种方法远距离传播信息，意味着每隔半公里就得安排一个中继锣——更不用说对当地居民的骚扰。所以，在弄清楚这些基本概念后，沙普换成了侵扰性较小的光作为媒介。

这切实增加了中继站点之间的距离——到了10或12公里——而且安静祥和。沙普的第一个设计使用了一种木制面板，可以翻转显示暗面和亮面，但他后来将之标准化成了类似巨人的东西，可以打出旗语。他将两个巨大的木制臂放在一个塔上（视觉上更醒目）。每个臂的末端都有一个可翻转部分，这样双臂和末端模块的不同位置组合可以表示一系列字母。通过在可动部分上增加灯光，这个装置甚至可以在黑暗中传递消息。

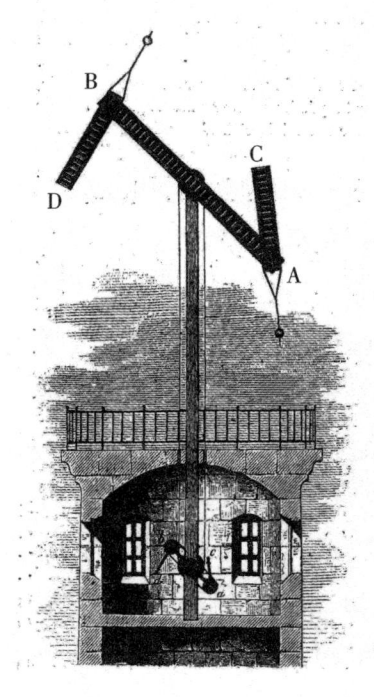

What Do You Think You Are?

沙普通讯站

沙普想要称他的发明为"tachygraphe",希腊语中"快写手"的意思,但是一个朋友认为这个单词缺乏吸引力,所以改为"télégraphe",意思是"远写手",使之成为了这一技术广为人知的名字。三年之内,到1794年,从巴黎到里尔,一系列的沙普发报站建起直至穿越法国全境。一共15台装置,覆盖了210公里的距离,可以在几分钟之内传递过去骑马需要一天才能传递的消息。

在接下来的40年里,世界各地又建起了超过1 000个这种发报站(英语中的信号站),但是,此时这种技术已经面临着一种更便捷技术的威胁——电子接手的时候到了。

顺着电线传播

电报的关键之年是1844年。相关实验已经进行了多年,美国雕刻家萨缪尔·摩斯(Samuel Morse)在1832年开始了研究,英国的威廉·库克(William Cooke)

和查尔斯·惠斯通（Charles Wheatstone）则是在他之后几年开始。摩斯在1844年5月24日用他的同名编码方式发送了第一条讯息——"上帝创造了何等奇迹！（What hath God wrought）"点线报文顺着沿铁路搭设的电线从华盛顿发送到了巴尔的摩。

库克和惠斯通选择了相比之下不太灵活但易于使用的路径，在电线两端各放置一块信号板。两块信号板上的指针通过电信号进行了同步，这样可以一次一个字母地拼出讯息内容。库克和惠斯通选择将他们的第一根电线沿着大西部铁路从伦敦铺设到了斯劳（Slough），一个从伦敦往西大约32公里的地方。

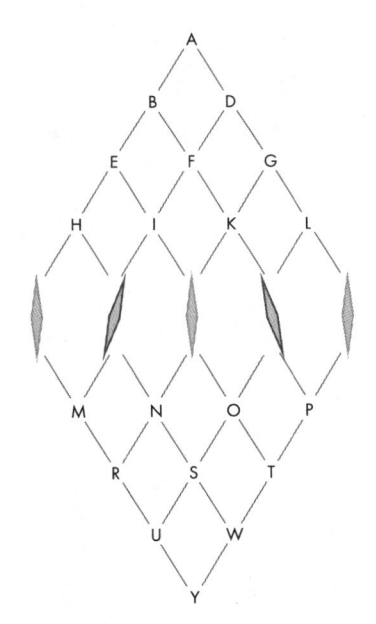

库克和惠斯通电报的五针版本，倾斜的指针表示指向字母F

两拨电报先行者都选择沿铁路发送并非巧合。部分原因是为了铺设电报线的方便起见。与当时弯弯曲曲的公路不同的是，铁路相对较直，两边都是专用土地，没有交叉路口以及高速公路常见问题的干扰。还有一个原因是，铁路开启了快速通讯形式的需求。在铁路旅行之前的时代，每一座城镇都有自己的时间，可能与其他地方有几分钟的差别。但是火车时刻表要求统一的时间以及将各地钟表同步的能力。

这还是解释不了库克和惠斯通专门选择斯劳作为与伦敦联系的目的地；当

What Do You Think You Are?

时，斯劳最知名之处是作为天文学家约翰·赫歇尔（John Herschel）的家乡。他的父亲威廉为了靠近国王在温莎古堡（Windsor Castle）的住所而搬到了此处。同样，斯劳还是铁路沿线的一个重要位置，既能到达温莎古堡，又能到达附近著名的伊顿公学（Eton Collego）①。

事实证明斯劳是一个有利于宣传目的的明智选择，因为1844年8月6日，维多利亚女王的次子阿尔弗雷德（Alfred）出生在了温莎。据当时的报道所言，《泰晤士报》在温莎宣布40分钟后就成功把这个喜讯传递到了伦敦的大街小巷，这要多亏了电报的作用。十年后，从斯劳到伦敦的电报线还导致了一个谋杀犯的被捕。

1854年1月3日，一个名叫约翰·托厄尔（John Tawell）的男人谋杀了他在斯劳的情妇，并逃离了现场，搭乘火车去往伦敦。当他踏上火车逃走之际，他一定以为自己可以安全消失在首都的街头，因为关于他犯罪的消息还没到达伦敦。但是，斯劳当局成功将一条讯息沿着电报线发送到了帕丁顿（Paddington）站。托厄尔穿着一件棕色长大衣，让他一下火车就被认了出来，因为斯劳政府发送的讯息是要求抓捕一个"穿得像贵格会教徒"（dressed like a kwaker）的男人（库克和惠斯通的电报系统没有字母Q）。托厄尔最终因罪被判处绞刑。

本质上，这是信息技术被用来将两地时间彼此同步的一个例子。同样的效果还可以用来实施一次粗糙版本的维多利亚时间旅行。博彩公司总是喜欢在最后一分钟下赌注。那时，赌博结果抵达往往需要几个小时，比如在伦敦320公里之外的约克举行的赛马，博彩公司很乐意在赛马结束之后继续下赌注。

自从电报投入使用后，聪明的赌徒会安排用电报来传送结果，这样他们在赌赢的时候就无须承担亏钱的风险。电报公司很快意识到了这一点，于是拒绝传送博彩讯息——必须通过公司代理人发送讯息，不能直接由大众发送，导致了此种审查——但是赌徒们通过使用密码讯息绕过了审查。最终博彩公司放弃了在赌赛之后接受赌注的做法，堵上了这个漏洞。

---

① 伊顿公学的校长要求将火车站建在斯劳而不是伊顿当地，以让学校的男孩们更难逃到伦敦的花花世界，这也是斯劳虽然作为一个小镇但火车站的规模十分庞大的原因。

非人类计算机

我们介绍过，近来有人在谈论计算机发展出人工智能的可能性；但是最初的计算机曾具有传统意义上的智能——因为那时的"计算机"指的是一个进行手工计算的人。这样的计算工作单调乏味，但很重要，因为从天文学研究到拟订潮汐表都需要它。据说英国发明家查尔斯·巴贝奇（Charles Babbage）正是在帮助他的朋友约翰·赫歇尔计算1821年的天文学表格时呼喊出："真希望上帝能让这些计算可以用蒸汽机进行。"巴贝奇还得到了法国数学家加斯帕尔·德·普罗尼（Gaspard de Prony）研究工作的激励，后者受经济学家亚当·斯密（Adam Smith）作品的启发，用代数表的批量生产做了实验，将任务分解为机器可以完成的计算。

无论是因为自己的痛苦经历还是受普罗尼的启发，巴贝奇开始了机械计算机的研究。就其本身而言，机械计算器的想法并不新鲜。这种装置至少可以追溯到安蒂基西拉机器（Antikythera Mechanism），其在一艘希腊沉船中被发现，年代追溯到公元前1世纪或公元前2世纪。该装置具有复杂的齿轮系统，使其能用作专门的模拟计算机，预测天体甚至更多东西的运动。巴贝奇的计算机器研究还有更直接的前身，如法国数学家布莱士·帕斯卡（Blaise Pascal）在17世纪40年代的发明[1]，且其得到了大量制造。

就像帕斯卡的机器一样，巴贝奇的第一台概念机差分机（Difference Engine）是一个基于一系列齿轮组的机械计算器，但在计算范围和规模上比其前身更加复杂。巴贝奇制造了差分机的一个部分，大约是整台机器的七分之一，但从未完成一台能工作的装置[2]。他未能完成机器极大地惹恼了英国政府，因为后者在项目上投入了超过17 000英镑[3]。但是，巴贝奇不顾政府的抱怨，为了一个更宏大的

---

[1] 不可否认，帕斯卡的计算器非常不可靠。
[2] 20世纪80年代有人制造了两台完整样机，证明了巴贝奇设计的效能。
[3] 按现在的币值计算，大概是120万英镑（1123万人民币），或者，按照劳动力价值计算是1 300万英镑（1.2亿人民币）。

What Do You Think You Are?

想法放弃了差分机,那就是分析机(Analytical Engine),灵感来自法国的一个天才般的工业进步。

他的灵感源于丝织业的成熟。用丝这种极细的线编织出任何复杂图案都是一个极为缓慢的过程——以至于两个织机操作工一天只能生产2.54厘米的材料。法国工程师们也没能打破这个限制,到了18世纪40年代,一位名叫雅克·德·沃康松(Jacques de Vaucanson)的国有工厂检查员发明了一台相当于音乐盒的丝织机。就像音乐盒圆筒上的针在经过时触响音符一样,沃康松的发明也使用了针来控制不同颜色的丝线。这当然是一大进步,但圆筒很贵而且生产缓慢——生产过程受到了圆筒大小的限制。转动一次,图案就开始重复。

在沃康松的圆筒可能平寂下来之前,它被一个激发了巴贝奇灵感的想法代替了。一个之前默默无闻(从任何方面来看都默默无闻,有点像流浪汉)的人物约瑟夫·玛丽·雅卡尔(Joseph-Marie Jacquard)给这一技术带来了灵活性。他将编织图案设计为卡片上的一系列穿孔,穿孔代表该点是否应该使用某种颜色。因为这种穿孔卡片组可以按照图案需要任意加长,所以任何编织件都能以这种方法进行自动化生产。不久,雅卡尔织机一天能够生产0.6米丝织品,而不是2.54厘米——生产率得到极大提高(见下图)。

雅卡尔织机的穿孔卡片

但是,该系统的威力不仅仅是其速度——吸引巴贝奇的是其储存信息的灵活性。他常展现给来访者看的一个宝贝是一幅看似蚀刻画的雅卡尔画像——仔细检查会发现画像由丝织成，一共有惊人的 24 000 行丝线。如果没有雅卡尔的技术，这种作品不可能制造得出来，巴贝奇认识到可以将类似的方法用在一台真正革命性的计算装置即他的分析机上。

在排除他之前设计的固定的、齿轮传动的联动关系后，巴贝奇想让分析机同样具备雅卡尔织机表现出的灵活性。对于差分机，待计算的数据需要用拨号盘手动输入，计算由齿轮结构进行设置。在分析机中，数据和计算都由一系列雅卡尔式的穿孔卡片描述，使计算获得了大得多的灵活性。

只有一个问题。虽然巴贝奇设计了分析机的概念，但他从未成功制造哪怕一个部分——实际上，以当时的技术，他的设计不可能成功实现。即使如此，他的计划还是具有足够的细节，人们可以推测出分析机如何使用，由此创造出了我们现代的阿达·洛芙莱斯（Ada Lovelace）形象。

当时的阿达·拜伦（Ada Byron）是著名诗人拜伦的女儿，十七岁时第一次遇到了巴贝奇，与其志同道合。两人甚至有结婚的迹象，不过机会不大，因为阿达·拜伦的母亲确保了女儿嫁给了一个更有前程的男人威廉·金（William King），后来的洛芙莱斯伯爵（Earl of Lovelace）。阿达·洛芙莱斯很想与巴贝奇一起工作，她将意大利科学家路易吉·梅纳布雷亚（Luigi Menabrea）关于分析机的一篇法语论文翻译成了英文，为分析机的文档工作做了一些贡献。她对论文进行了详尽的注释，长度将近原论文的三倍，包括一些关于分析机如何使用的建议。她甚至为这台（不存在的）计算机提供了一些潜在程序的例子。例子中的大部分都在巴贝奇的讲座中出现过，但其中一个似乎是原创的。

不幸的是，巴贝奇的分析机是一个技术死胡同。计算界的下一个发展似乎往后退了一步，变成只有穿孔卡片，但没有在其上运行的智能分析机。该技术由美国发明家赫尔曼·何乐礼（Herman Hollerith）发明，他使用了电子机械装置对穿孔卡片进行分类和整理，这一方法拯救了美国人口普查局，其面临着人工计算的时间要超过每两次人口普查之间的十年的危险。

何乐礼的制表机器公司（Tabulating Machine Company）变成了国际商用机器公司（International Business Machines），最终缩写为其首字母组合 IBM。真正的电子计算机诞生于第二次世界大战，得益于英国布莱切利公园（Bletchley Park）巨

What Do You Think You Are?

人计算机（Colossus Computer）和美国宾夕法尼亚大学电子数字积分计算机（Electronic numerical integrater and Computer）的发明。从那时开始，我们见证了计算机从电子管（真空管）发展到晶体管，从晶体管发展到集成电路，从建筑物大小发展到智能手机形式的掌上电脑，以及同时发展的国际互联网通信技术。

改变日常生活

一开始，信息技术主要用在幕后，因为计算大都发生在大学、政府部门和大企业里。当20世纪七八十年代刚出现个人计算机概念时，大量的精力要花在说服潜在顾客在家里放一台电脑上面。游戏是推销的先机，但制造商想要让计算机超越儿童玩具的范畴，成为日常生活的一部分。他们求之于像"你可以在厨房用计算机储存菜单"这样不太站得住脚的建议。可以说，今天计算机如此深刻地塑造了我们工作之外的生活，原因在于国际互联网的加入。

国际互联网本身可以追溯到20世纪70年代，当时它被开发出来连接远程的终端（实际上就是一台电力打印机）和大型主机计算机，这样到处都可以使用主机。起初它主要是一个军用和大学网络（大学很早之前就独立了自己的网络），很少与企业或家用市场发生关系。

20世纪90年代中期，我曾为计算机杂志写稿，因此参加了微软公司闪亮的"Windows 95"操作系统伦敦发布会。发布会在莱切斯特广场（Leicester Square）举行，光鲜亮丽，但是事后来看，有一件事特别有意思。在提问环节，我问道，这个操作系统能为国际互联网提供什么支持。回答是国际互联网主要用于学术用途，而这并不是Windows用户真正关心的问题。

当时，微软公司决定效仿CompuServe、AOL和Apple公司，建立一个被他们称之为MSN的专属网络。不过几年后，蒂姆·伯纳斯-李（Tim Berners-Lee）在国际互联网的基础架构上增加了万维网（World Wide Web）。在此推动下，事情发生了剧烈的变化，伯纳斯-李本只打算让万维网成为学者分享信息的机制，不料其结合了超文本（产生于20世纪60年代的概念，之前从未得到过妥善应用）和在世界各地观看图片和文字的能力之后，一切改变了。

现在，就像其他亿万人一样，我的业务大部分都要通过国际互联网，我的家庭生活也是如此，无论是与朋友通过社交媒体进行联系，找一个乡村酒吧消遣，还是在车上利用GPS数据导航到目的地。前段时间在观看20世纪80年代背景设定的电视剧《怪奇物语》(*Stranger Things*)，通过互联网网飞平台时，我惊讶于里面的角色还得靠书本查找信息。当然，我们现在还在使用书本——你现在不就在看本书嘛（不过你可能在用基于互联网的Kindle阅读它）。但是，即时获取海量信息这件事深深改变了我们的生活方式，而且仍然有待真正融入我们教育孩子的方式。

我们已经发现，信息技术绝对不是唯一有助于造就今天你我的颠覆性技术；但对于为什么我们不能仅靠你的生物学构成决定你的今天，这是一个绝佳的例子。

愉快的意外

可以说，创造力比任何其他特征都更能区分人类这个物种，也让我们能使用技术改造我们的环境（还能用艺术和文学改造我们的思想）。创造力就是寻找新的联系，颠覆现有的思维方式，探索未经尝试的领域和路线。即使你可能认为自己没有创造力，但它仍是你的主要构成部分。通常，创新具有目的性，以一种受引导的方式进行。但是，人类历史上一些最好、最重要、最有趣的创造活动是偶然顿悟的结果。

偶然顿悟指的是从一次意外发现、一个错误或不同视角中涌现而出的想法和点子，从人类注意到了周围世界的意外一面并能做出反应时开始。它就是我们的创造力的重要部分。诚然，很多创新和发现都是爱迪生所言"99%的努力"的结果，或者建立在现有知识的逻辑基础上，但是科技的发展如此频繁地以这种方式驱动，实在令人惊讶。这种偶然发现给人类早期带来了很多点子和技术，比如我们之前讲到的火和相关的衍生品，如烹饪。但是，意外创新的节奏在15世纪因新航路开辟"地理大发现"产生的巨大飞跃。

哥伦布本想往西航行到中国，结果却发现了新世界，当时很难找到像"发

What Do You Think You Are?

现"这样合适的词语，或者是其只存在于欧洲语言葡萄牙语中的对应词来形容他的成就。带着发现的目的去探索世界——这种想法是新科学时代的标志。之前的潮流不是向外而是向内，依赖于哲学沉思，以及重温并破解古人的智慧；文艺复兴带来了发现和重新思考的动力。

当时的科学认为地球上只有一块大陆，基于此，哥伦布假设从欧洲往西航行可以到达中国。他的发现是错误物理学认识的结果。当时的主流物理学理论由古希腊哲学家亚里士多德提出，认为万物都由土、水、气和火组合而成。按照从土到火的顺序，这些"元素"向着宇宙中心（假设是地球）前进的趋势逐级递减。所以世界的总体结构被认为是一个土的球体外面包裹着一个水的球体，再包裹一个气的球体，最后包裹着一个火的球体。

显然，宇宙不可能完全如此，否则海洋上就不应该有陆地了——陆地会被水完全覆盖。所以，人们假设土球体是一个偏心体，使得其部分表面升出了水面。但是，如果地球只有一块大陆，那么往任何方向航行都能到达想到达的任何地方——因此哥伦布假设往西能航行到中国。

近代以来，意外发现变得越发密集。例如，人工甜味剂糖精和阿斯巴甜的发现都是来自一位化学家试图制出完全不同的化学物质时意外的品尝。不粘材料PTFE的发明来自某种材料的自发降解。神奇的超薄材料石墨烯——强度超高且具有超导性——最早由胶带制造，回收自实验室的垃圾桶，因为它被用来清理石墨块。

一个著名的例子是青霉素，一种致命细菌的培养皿因实验室的窗户错被打开而暴露在了霉菌孢子之下，霉菌杀死了病菌，使青霉素意外发现。放射性、合成染料和安全玻璃的发现都产生于事故。在这里要列举的最后一个例子中，化学家爱德华·别涅狄克（Edouard Benedictus）失手掉落了一个装有一种塑料物质的玻璃烧瓶——硝酸纤维素将破碎的玻璃粘在了一起，产生了这个发明。

和日常生活更为相关的例子是蛋筒冰淇淋，它的发明要得益于一次偶然事件。冰淇淋过去常以小杯子或小玻璃杯售卖，但是经常被顾客打碎或不再归还。于是纸杯开始用于替代，直到1904年世界博览会上，一名小贩用光了纸杯，临时借用了隔壁摊子上卷起的华夫饼（很烫，而且华夫饼卖得不好）作为可食用的冰淇淋容器。

换个视角看事物

还有一些误解导致发明的例子，比如氢气球和无线电天文学。但是意外发明并不总是把事情弄糟后才发生。在某些情况中，是本来打算做一件事，却发现用来做另一件事情好得多。例如强力胶——其最初是一种用来制作瞄准镜的被淘汰的物质，以及麻醉剂，最早的麻醉剂一氧化二氮是用来治疗结核病的失败疗法。

一个好例子是塑料薄膜的发明。从21世纪10年代以来，塑料因为其对环境的影响逐渐被人们妖魔化。毫无疑问，有太多一次性塑料制品（如果用户漠不关心）进入海洋。海洋中的大部分塑料垃圾来自于捕鱼业，绝大部分进入海洋的塑料垃圾都来自远东地区的几条河流，所以在英国缩减塑料使用效果有限——但我们需要更多地思考一下我们使用的产品所造成的环境后果。即便如此，塑料在食物保存、医学应用和大量其他用途上还是大大造福了人类。

在塑料制品中，最早遭到各方责难的是塑料袋。现在很多国家，环保购物袋已经代替了一次性塑料袋。然而，制作塑料袋、食品包装等的塑料薄膜在提升卫生和提供便利方面，有着无可估量的价值。塑料一被发明出来，就很容易看出基于它的柔韧性和保护性可以制作一种包裹材料——不过第一种塑料薄膜赛璐玢的用途却经历了一次意料之外的改变。

瑞士化学家雅克·布兰登贝格尔（Jacques Brandenberger）在发明赛璐玢时完全没想到自己会发明出一种包裹材料。一次饭后，布兰登贝格尔看到酒洒在桌布上，他觉得饭店可能会喜欢排斥液体的桌布。当时是1900年，现代塑料还没发明出来，而且已经有基于天然化合物纤维素的防水材料了。

纤维素这种常见的物质——由长链葡萄糖构成——构成了植物的细胞壁，也是纸的主要成分。到布兰登贝格尔将酒洒在桌布上的时期，纤维素已被用来制造赛璐珞（最初用来替代昂贵的台球专用象牙，后来用来制作照相胶片）和人造粘胶纤维。布兰登贝格尔把一种橙色的纤维溶液喷洒到某种测试材料上，加入化学试剂，使其变为赛璐玢层。无疑这可以让酒沾不上桌布，但有两个问题。

首先，这种材料会让桌布变得太硬，更重要的是，塑料附着不到桌布纤维上

What Do You Think You Are?

去——它会剥离下来成为独立的透明膜。乍一看，这是一场灾难；这比无用还要更糟。但是布兰登贝格尔认识到这种膜本身有潜在用处。他花了八年时间完善自己的发明，又花了几年使其商业化——关键的一步是添加甘油使材料更柔韧，并发明了一台机器生产这种材料。布兰登贝格尔称他的神奇产品为"赛璐玢"，在赛璐珞（cellulose）后面加上希腊语后缀"-phane"，意思是其明亮又透明。因为能隔绝细菌、氧气和水汽[①]，赛璐玢是切割肉和其他食材能安全配送的关键所在。在美国，它在食品上的第一个用途是包裹惠特曼糖果公司（Whitman Candy Company）的巧克力。

有人认为赛璐玢直接导致了超市的出现。例如，屠夫摊子上的肉不需要用赛璐玢包装。但超市冰箱的自助式购买需要包装，这样顾客才能看到自己要买的东西——并且还可以防止食品因为暴露在空气中而变色。新鲜肉类的红色来自肌红蛋白，很容易因为氧气而降解变质，变成棕色。变色并不代表肉变质了，但是人们会将肉的新鲜度与鲜艳的红色联系起来。赛璐玢使得食品保持不错的卖相。视觉的重要性甚至延伸到了糖果包装上。赛璐玢的影响导致1930年美国的一个广告打出了"你的眼睛可以尝到赛璐玢包装的糖果"这样的口号。

赛璐玢今天仍在作为透明礼物包装和胶带的基质使用。实际上，它正在重新进入食品包装业，尽管它很大程度上可以被更便宜的石油化工塑料代替，但与替代品不同的是，它是可生物降解物的。如果布兰登贝格尔当初成功制造了防酒水的桌布，很可能他的发明早就被扔进了历史的垃圾堆，但是在寻找到对他的失败实验成果更好的使用方法后，他给世界带来了全新水平的食品卫生。

这里最后的一个例子不可不提，因为它体现了人性的固执对发明创造的贡献，那就是薯片。薯片的出现源于美国一家饭店的一名顾客抱怨炸土豆又厚又潮。大厨想要报复这名顾客，就将土豆切成极薄的土豆片，过度油炸使之变硬，然后多放了一些盐，想让其更难吃，结果发现土豆片极为美味。

[①] 最初的赛璐玢留不住液体的水，但能让水透过其蒸发；完全防水的版本由美国的杜邦公司（DuPont）在1927年取得专利。

大部分不错

前面我们讨论过气候变化——它无疑是我们摆脱纯生物学过往所导致的极严重问题。但是我们也需要避免像某些人那样条件反射式地转而持有苦行僧式的反技术心态。整体来看，我们大部分人都过着比祖先好得多的生活，在新闻报道之外，事情正在变得越来越好。在医疗方面、在人生机会方面、在信息获取等等方面，现代的"你"都比你的祖先生活得更好。但奇怪的是，我们大部分人都对现代生活有着特别阴暗的看法。

大部分人都会以一种悲观的态度来看待事情。已逝瑞典医生汉斯·罗斯林（Hans Rosling）擅长呈现统计数据，他在全世界范围就一些重要事项做了广泛的调查，得到了一致的结果，他发现对于世界贫困水平的问题，回答正确的人数占比要远远低于随机选择答案选项的比例。他们强烈偏好悲观的答案。

例如，在被问到过去20年世界极端贫困人口数量是几乎翻倍、保持不变或几乎减半时，在大部分国家都只有不到10%的调查对象能回答正确。（英国大约9%的人知道几乎减半，美国大约为5%。）在关于自己国家的女童教育、期望寿命、人口增长、自然灾害、疫苗接种和收入水平的问题上，人们表现出了几乎同样的悲观。

很难不将此归咎于媒体。新闻媒体喜欢糟糕的故事胜过一切。你永远看不到关于今年某个非洲国家大丰收的新闻，只会看到干旱和饥饿。当原教旨主义者阻止女童上学时，这很难不上新闻——但当女童天经地义接受了教育，却上不了新闻。

我们还必须考虑慈善团体和援助机构的作用。资金募集者强调世界所面临的问题和灾难，所以我们会慷慨大方地捐助。因为扭曲了事实，所以存在慈善团体和政府机构提供的资金没有去到能发挥最大作用的地方的危险。在遇到紧急事件需要我们反映时，悲观主义驱动的宣传报道很重要——但对于有效的长期发展援助，我们需要一种更细致入微的叙事。

罗斯林认为，尽管媒体和慈善团体对于我们的思维具有某种影响，但并不全

What Do You Think You Are?

都是他们的错——事实上，他将我们对于现实的误读大部分归因于那些造就你的东西。在第一次发现人们对于世界的看法与现实之间的鸿沟时，罗斯林认为，解决方法就是用事实进行教育——但他发现信息的影响小得惊人。因此，他相信是我们自身的天然缺陷打败了我们自己。

事实是，你（以及每一个人）天生就被编程为保证自己的安全和健康。这没有什么争议。但是在智人生活的世界里，这意味着以目前来看适得其反的方式对外部世界进行反应。例如，我们都渴望糖类和脂肪，因为它们在食物短缺时是极佳的能量来源。但是这也造成我们在卡路里充足时很容易去吃垃圾食品，即使我们完全知道这些成分对我们不利，我们还是渴望它们。

汉堡包的广告中有一条与此有关的视觉线索。特意引诱我们的汉堡包照片总是会展示一整叠食物——不仅是肉饼和面包，还有香料小肉饼，大量融化的奶酪、酱料、洋葱和沙拉——不折不扣的卡路里之山。我们的意识大脑知道这个大怪物所含有的卡路里超过我们一整天的所需。但是某种古老的东西，食物匮乏过往的遗留触发了食欲。汉堡包应该变成三明治，可没人能做到饮食适当。

罗斯林提出，我们对于潜在的危险同样有着自动的反应。因此我们会在什么都没发生时应对危险的威胁，或者捕风捉影地构想出鬼怪。我们做好了面对麻烦的准备和预期。罗斯林认为我们就像渴望那些高脂肪食物一样渴望戏剧性，因为戏剧性可以刺激我们做出脱离危险的快速决策。当一头捕食性动物朝着你高速冲过来时，三思而行救不了你。戏剧性提供了高脂高糖食物一样的东西。如果你处理的是小说或者电影（或者如果你真的处于危险中），这没有问题——但是在面对事实的呈现和吸收时，这是我们需要警惕的东西。

分界线（或不是）

在评估我们对于世界的看法时，罗斯林认为存在几大错误概念驱使我们接受了错误信息。要深入了解这些，你可以在他的书［《事实》（*Factfulness*）］的相关细节——但是这里有助于理解你的行事动机的很重要一点是分界线的幻觉。

我们往往将世界一分为二："富人和穷人"，或者"特权阶级和弱势群体"。

这是一种黑白世界观，政客和原因论支持者的最爱，不过很奇怪地以两种镜像形式出现。对于关注国内事务的政客来说，"富人"是少数派的"他们"，"穷人"是多数派的"我们"，错误地让我们认为公平社会需要将此纠正。但是，当我们在处理像世界贫困这样的事情时，情况就反了过来。"我们"是相对较小、享有特权的发达世界，"他们"是挣扎、贫困的发展中世界——那些需要我们帮助的人。

甚至可以用统计数据来展示类似的分裂，如罗斯林在其书中所示——不过他狡猾地使用了20世纪60年代的数据。如果你用当前的数据进行替代，你会发现世界人口的绝大多数已经进入了当时所认为的"发达"的一半，只有少数几个国家仍然属于旧的"发展中世界"。实际上不再有清晰的"我们"和"他们"之分，我们都是连续体的一部分。

值得强调的是，罗斯林并没有认为世上一切都很公平，无须援助他人，相反，他只是认为这种"发达/发展中"之分是人造概念，不能准确代表我们所居住的世界。在更现实的连续体中，超过75%的世界人口位于中间附近。例如，如果涉及财富，他们既不是赤贫也不是巨富。当然，这不是说没有人分布在两个极端——而是说这些人是相对的少数。

罗斯林坚持认为，像"发展中世界"这样的术语要大打折扣，所以他经常被问道："那么，我们该怎么称呼他们？"他首先指出，这个问题中使用了"我们"和"他们"，直接强化了这个问题，然后提出了一种四分法。他认为，约有10亿人目前在第一级，靠1天约1美元为生；30亿人在第二级，一天赚约4美元；另外20亿人在第三级，一天只赚约16美元；剩下10亿人在第四级，一天只赚约超过32美元。

实际上，如果你正在阅读本书，很有可能你在第三级，更可能在第四级。如果在第四级，你的确处于相对富裕的少数派。但你需要小心谨慎地不要把世界上的其他人划分为生活悲惨的"他们"。我们还需要认识到，情况已经发生了很大变化。正如罗斯林所言，200年前，85%的世界人口都在第一级。20世纪50年代，欧洲和美国几乎全部都在第二级和第三级。现在，处于第一级的世界人口比例已经降到了14%左右，而欧洲的大部分国家和美国上升到了第四级。

What Do You Think You Are?

逆流而动

再次重申，这不是认为事情不能比原本更好——当然可以，希望将来也一直如此。不过，事实是你仍然会对世界产生不准确的认识。大部分时候，你可能对于当下事情的糟糕程度（或者，不糟糕的程度）有所误解。但是，有一些例外需要重点强调一下。我们也许整体上抱有悲观看法，但存在少数几种情况，我们的认知倾向于美化现实。

伦敦国王学院（King's College London）的公共政策学教授和政治研究所主任鲍比·达菲（Bobby Duffy）在他的书《感知的危险》（Perils of Perception）中，重复了罗斯林的很多发现，基于的是他在40个国家进行的一系列大型在线调查。有一些调查得出的结果往往是低估了负面影响。一个例子是罗斯林也曾指出的气候变化事项。罗斯林简单调查了"专家预期气候会变得更暖/更冷/不变"，不出所料，正确的"更暖"在所有地方都是最高选项（比例从百分之70多到百分之90多）。

罗斯林将此至少部分归因于前美国副总统阿尔·戈尔（Al Gore）利用恐惧和夸张传播气候变暖的信息——使得这条信息更加强大，但可能也扭曲了信息本身。这一方法在2019年被"反抗灭绝"活动和气候活动家格蕾塔·通贝里（Greta Thunberg）发展到了极致。正如罗斯林所指出的那样，利用恐惧和夸张的危险在于，如果极端结果没能很快发生——大部分时候都可能如此，那么整个信息就被破坏了。

但是，当达菲采用了一种更详细的调查方法时，我们对于气候变化的认识就没有如此准确了。例如，当2018年要求人们猜测过去18年中有几年是记录最热之年时，他们的平均回答是9年。正确的答案是意义更重大的17年。罗斯林相对准确的结果有可能部分源于问题的一般性，但也因为他问到的是专家的意见。可能那些否认气候变化现实的一部分人同意专家预期气候会变暖——但他们不相信专家。

戴着玫瑰色镜片看事情的另一个例子是美国人对待枪支犯罪的态度。达菲发现，80%的民主党支持者（因此更可能支持枪支管控）相信被枪杀的美国人多于被刀砍死或其他暴力致死的美国人，只有27%的核心共和党支持者相信这一点。但关于枪支犯罪的事实就是如此，这提示，被调查的共和党拥护者的认知受到了他们对于特定结果倾向的强烈影响，与他们的民主党对手相比，他们更将这种结果视为正面。

似乎带有强烈情感因素的话题更可能产生错误的认知，而且即使出现了反面证据，人们也会继续抱有这种错误认知。例如，在大部分国家，人们认为人口中的移民数量（一个饱含情绪的话题）比实际情况要多。例如，在英国，达菲的调查发现人们平均猜测移民比例为25%，而实际是13%。（美国人猜测是33%，实际值为14%；澳大利亚人猜测是28%，实际值为28%。）给一些国家的受访者展示真实数据后再进行随访，他们还是更可能相信自己的猜测，而不是官方数字。

民意调查不是事实

想要靠民意调查来准确反映民情是危险的。有时候是因为一个貌似简单的问题很难"正确"回答——如果基于的是复杂数据。达菲提到的一个例子是英国政客鲍里斯·约翰逊（Boris Johnson）和戴维·卡梅隆（David Cameron）在2013年错估了日常物品的价格，在新闻发布会上闹了一个大笑话。卡梅隆说一块面包价值"大大超过（9.4元）"，一名记者纠正他是47便士（4.4元）。达菲指出该名记者"错得非常离谱，当时的价格更接近1.20英镑（11.2元）"。然而达菲的价格数字只是手工面包和超市面包价格之间的平均值。47便士的价格对于一块大众市场的普通面包来说几乎是正确的。

同样，达菲在一次调查中批评调查对象称一品脱牛奶的价格为"不多于29便士（2.7元）"，达菲声称2013年的真实价格更接近49便士（4.6元）。如果只买一瓶一品脱装的牛奶，这个价格也许是对的；但是如果是超市货架上堆放的瓶装牛奶，比如更多人会买的4品脱装牛奶，那么价格落在25～30便士（2.3～2.8元）的范围就应该是猜对了。这些错误似乎主要是因为没有把问题问清楚。但是有时候也是因为那些被用来作为论据的数据直接就是错的。

What Do You Think You Are?

一个好例子是国家的GDP数字①。在英国（以及其他很多国家），我们通常会听到前一个季度的GDP上升或下降多少。在我写作本书之时，最新一次宣布GDP是，2019年8月我们被告知当年4月到6月的GDP下降了0.2%——媒体上充斥了关于英国脱欧如何导致这次下降的推测。然而，英国记者迈克尔·布莱斯特兰德（Michael Blastland）在他的书《只有一半的真相：为什么科学看不到全貌》（*The Hidden Half: How the World Conceals the Secnts*）中指出，官方GDP在宣布之后几个月里会随着更多数据完善而反复修改。GDP可以变动多达1%，首次发布的数值一般会发生0.4%的变动。根据首次发布GDP的0.2%的下降（上升）做出任何结论都毫无意义。

我们必须承认，任何我们不掌握完整数据（或者，根据一次完全没有任何数据的预测）的数值都可能导致错误的发生，这在科学上通常会得到估测，但在统计数据呈现给大众时很少被提及。统计数据的呈现方式也可能会造成迷惑。达菲指出，在2016年脱离欧盟全民公决前后，英国公民都高估了欧盟移民的水平。但是，达菲写作时不知道的是，英国政府显著低估了欧盟移民的水平。2019年，英国国家统计局指出他们少算了大约16%的欧盟移民数量。达菲的调查是在这一错误被揭露之前，调查认为大众高估了10%的移民水平。

上一段中有两个关键点。第一个是官方数据（来自一次调查，不是直接数据）极不准确。第二个是，老话说的"世界上有三种谎言：谎言、该死的谎言和统计数据"并不完全是胡说八道②。上一段的最后两句话从技术上来说是准确的，但似是而非的结论——校正英国政府的错误后，大众低估了6%的欧盟移民——却是大错特错。这是因为英国国家统计局纠正的是政客们通常争论不休的数据：当年的净移民数量——有多少额外的欧盟人员加入了总人口。但是达菲的调查询问的是英国居民中曾是欧盟国民的比例——这与移民率毫无关系。这是一个大得多的数字。英国国家统计局低估了平均每年35 000人的年欧盟移民数量，但是大众高估了超过600万的总欧盟居民数量。

---

① GDP或"国民生产总值"的目的是计量一个国家的货物和服务的价值。现在被认为是一种缺陷极大的计量指标。它被设计出来主要是应对传统制造业和农业，不太适合当今极其重要的服务业，也不能适当地解释创新的影响力。

② 美国作家马克·吐温普及了这句话，他称其来自于言辞诙谐的英国首相（和小说家）本杰明·迪斯雷利（Benjamin Disraeli），但是在迪斯雷利的相关著作中找不到这句话。

就像罗斯林一样，达菲想为现实与认知之间的差异以及其在世界各地的差别寻找原因。他同意我们人类内置了保护性极强的负面偏向，但也认为强烈看重情感因素的文化（如意大利和美国）倾向于夸大数值以支撑自己的观点，而倾向于非情绪化的文化（如瑞典和德国）往往具有更接近现实的认知。不过，我们介绍过，相关并不总是等于因果，虽然你将情绪加入观点中似乎存在一种夸大的逻辑，但因果联系并没有得到证明。

毋庸置疑，人类的智慧给世界上大多数地方的人类带来了太多福祉。我怎么说这些进步如何造就了你都不为过。但是我们不能抛开生物学，对于是什么塑造了你，我们需要回到一个可能是最著名的争论：先天还是后天？

9 你爸妈没把你搞得一团糟

"这刻在了你的DNA中",这句话已经变成了指代一个人遗传得来的某个习惯或某方面的套话,就好像我们每个人都被一个用DNA作为代码的计算机程序控制一样。注写我们基因(以及更多东西)的分子,DNA,有着极为灵活的结构。我们谈起某种化合物,通常会说它具有一种特定的化学式。比如我们熟悉的食盐是氯化钠,化学式是NaCl,或者,轻质汽油是一种由6个碳原子构成的六环结构,每个碳原子上结合了一个氢原子,化学式是C_6H_6。但我没法告诉你DNA的化学式——脱氧核糖核酸是这一化合物的最佳称呼。这是因为,它不是某种特定的物质,而是一种用来储存信息的化学框架。

全在双螺旋之中

你的DNA以染色体的形式存在——你的大部分细胞都含有23对染色体,每一条染色体都是一个单独的DNA分子。最大的1号染色体含有约100亿个原子——庞大无比。大多数人都熟悉DNA的基本外观——两个螺旋形的弯曲结构(技术上称为双螺旋),由一系列的直线段结构连接,就像螺旋楼梯的踏板。螺旋结构是多聚体——由磷酸结合起来的长链糖分子。糖指的是核糖,和我们更熟悉的葡萄糖以及果糖属于同一类化合物。

这些多聚体是重要的支撑结构——但螺旋楼梯的"踏板"部分才是DNA成为所有生命精华的原因。每一块踏板由一对相互连接被称为碱基的化合物构成,一共有四种碱基类型:胞嘧啶、鸟嘌呤、腺嘌呤和胸腺嘧啶。妙就妙在每一种碱基只能与另外一种特定碱基配对——腺嘌呤与胸腺嘧啶，胞嘧啶与鸟嘌呤[①]。这种标准配对方式使得DNA可以一分为二而创造自身的两份拷贝——这是支持生物生长时细胞一分为二的关键机制。

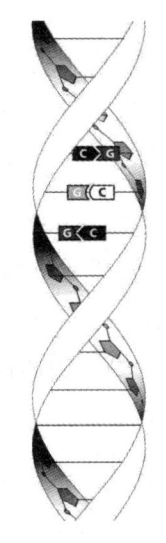

一段DNA中的碱基配对

配对机制使得DNA可以在碱基对的中间处解开。接着可以通过增加合适的配对碱基进行重建，以形成新的DNA片段。这有什么意义？因为DNA不仅是一个分子，还是一个数据库。就像电脑用二进制的0和1储存信息一样，生物体以四进制储存信息——相应的碱基对应四个不同的数值。

人类认识DNA结构的大突破来自20世纪50年代。其存在为人所知已经有约100年了，但这种复杂的结构直到1953年才被解开。在电脑中，位元通常会组成被称为比特的8位元区块。在DNA里，三个碱基一组，被称为密码子。在制造极重要的生物分子蛋白质时，密码子被用来指定每一步该使用哪一种氨基酸。原则上，这种三个一组的密码子可以指定64种不同的氨基酸，但实际上，大自然大幅度地重复使用了密码子；所以密码子只能指定20种氨基酸，外加特殊的"启动"和"终止"密码子，以指明何时将这一套氨基酸组装起来变成一个蛋白质。

[①] 如果你想靠记住碱基配对形式来在家人朋友面前露一手，可以用碱基的首字母代表它们：C、G、A和T。直线字母A和T配对，弧线字母C和G配对。

What Do You Think You Are?

天才之作

最能与DNA产生联想的词语可能是"基因"。（无论你的显微镜有多好）但盯着一段DNA看不到基因。基因是一段DNA中具有功能的碱基集合；它不是物理上独立的物体。从这方面讲，DNA有点像电脑中的内存。你只有在拥有正确"地图"的情况下才能找到电脑内存中的信息，同样，使用一个基因，还需要额外的信息知道如何对它进行处理。一个典型的基因含有编码一个蛋白质的密码子序列，外加控制密码子如何使用的额外DNA信息。

更为复杂的是，蛋白质的制造并没有用到DNA本身，而是将它的信息复制到一种被称为RNA的更简单的DNA等价物上，接着RNA被用作蛋白质制造的模板（以及其他一些作用）。这一过程由微小但极复杂的"分子机器"核糖体完成。说它"微小"都是一种低估。你身体的细胞已经小到需要显微镜才能看到，而以你的肝脏为例，肝脏的每一个细胞都含有约1 300万个核糖体。核糖体本身就是一个惊人复杂的系统，像一台建筑机器。

介绍到这里已经非同小可了，但这一过程还需要更多机制。这是因为我们的基因（与细菌基因不同的是）并没有整整齐齐地相邻而列。相反，它们散布在DNA中，各部件之间通常插入了被称为内含子的长序列。细胞在利用基因时，将所有序列都原封不动地传递给了RNA。核糖体在工作之前，必须剔除RNA中的内含子，将基因剪切到一起才能使用。这有点像电视节目夹杂着广告，用一台聪明的个人视频录像机剪掉烦人的广告。

DNA的机制也许显得毫无必要的复杂，但DNA（几乎）存在于地球上每一种生物中。我们都共享这同一种关键的信息机制，帮助构建我们的机体，帮助我们的机体行使功能。不过，应该指出，DNA并不只是与基因有关。实际上，你的DNA中只有约2%构成了基因。剩余大部分过去被认为是"垃圾"，在我们千万年的进化中积累下来却没有得到使用。当然，某些部分确实含有不必要的重复，或许是很久之前的一次拷贝错误。但是现在我们知道，基因之外的大部分DNA都具有功能，比如根据环境触发因素打开和关闭基因。

无疑，你的DNA是造就你的关键部分，我们需要回顾早前的家族树之旅，因为你的DNA来自你的父母。在理解DNA的作用和结构之前，人们已经认识到我们的天性受到了父母双方的影响。但是DNA的结构告诉了我们其原理何在。

记住，你有两套染色体，每一对染色体中的两条分别来自于你的父母。当然，你的父母也都有两套染色体。你得到的不是他们的某一整套染色体——在制造卵细胞和精子细胞的过程中，你父母的染色体经过了一个叫做基因重组的过程，重新打乱后，产生了全新组合——这就是为什么你可能在某些方面与你的父母相似，但你仍是一个全新、独特的个体。在组装你的DNA的过程中，还发生了一些错误，意味着你（就像我们所有人一样）是一个突变体。你的遗传物质中有较少的数量与你的父母不同。一般来说，你DNA的碱基对中有约400万个单位点（单核苷酸）突变。

别忘了你的旅伴

我们将继续关注你的DNA，不过别忘了，这不是你身体里唯一的DNA——远远不止。你的身体栖息着数万亿个细菌和其他微生物，被共称为你的微生物组。在我写《你身体中的宇宙》一书时，这些单细胞生物的公认数量大约是你身体10万亿个细胞的10倍——现在则认为与人体细胞数量差不多。但仍然是10万亿个其他生物与1个你相比。

显然你的微生物组影响着你的健康。大部分细菌都是友好的，例如，它们可以帮助你的消化过程，不过一些细菌会造成各种讨厌的疾病。但是，令人惊讶的是，有证据表明你的遗传组成与你的微生物组之间存在着相互作用。很难打包票说你身体的这两个方面之间存在因果联系，但似乎存在不错的证据表明你的遗传组成的某些方面会影响你肠道中的细菌，因此影响了你是否会罹患消化道疾病，或者是否存在特定疾病的风险。

What Do You Think You Are?

一切都在基因里吗？

无论微生物组是或不是遗传发挥影响力的途径之一，没有疑问的是，正如我们将发现的那样，遗传对于人类个体都有着重要的影响。不可否认，我们与其他人的DNA只有约1%的差异，但这足以产生迥异的外表，更不必说我们的个性。远在查尔斯·达尔文（Charles Darwin）的表哥弗朗西斯·高尔顿（Francis Galton）于1874年提出"先天后天之争"这句话之前，人们就已经在争论遗传到底有多少影响了。在过去，唯一能评估"先天"方面的可用工具是家族树（见第2章）。这产生了严重的问题：你是某人的后代不意味着你就有他们的基因。

这可能显得反直觉。你当然混合了你父母的基因，他们混合了他们父母的基因（依此类推）。但是别忘了真实的基因家族树是如何开枝散叶彼此交叉的。每过一代，来自某个人的基因贡献都被稀释，以至于如果回溯得足够远，他的基因可能会一点都不剩。所以，虽然如我们前面所言，如果你的祖籍是欧洲，你的家族树里很可能有查理曼大帝[①]，但是你的身上完全可能没有他的任何DNA。

回到2001年，一个被称为人类基因组计划的大型科研项目宣布其（不太精确地）完成了破译人类基因组的任务，基因组指的是某一套特定染色体DNA的全部信息。我记得我手上那本顶尖科学杂志《自然》还刊出了一张挂图插页，就好像这是一场足球比赛的高潮，而不是严肃的科学探索。

当时，这个消息显得好像这个科研项目已经找到了破译人类个体的钥匙。感觉扫描完一个基因组，真的会找到那些赋予人个性的所有特征对应的基因。这是负责良好幽默感的基因，那是红发基因，那是磨牙基因，哦，那个角落里是成为曼联球迷的基因。

可惜事实不是如此。在最初的喜悦之后，人们认识到了绘制个人基因组地图的局限性。以疾病为例，尽管少数疾病可以定位到单个的缺陷基因，但绝大多数

[①] 不过，别忘了，如果查理曼大帝是你的祖先，每一个当时在世且现在有活着后代的人也是你的祖先。查理曼本人在这里不特殊，他只是一个由头。他的名字只比矮子丕平（Pepin the Short）这样的名字好听。

不能。多数的个体特征也不能如此容易地定位。的确，红色头发由一个单基因控制。但这是相当罕见的现象，只发生在占世界全部人口5%以下的人群中，不过在某些社群——英国是一个典型例子——红发人群比例要高得多。

红发并不是由单一突变引发的——存在好几种方式改变这个基因使负责发色的黑色素产生一个变体——但的确受单个基因的控制。不过，通常，"你"的任何特定特征都由一整套遗传因素一起决定。我们总是喜欢认为我们可以发现父母遗传给孩子的某个外貌或性格特点，洋洋得意地评论："他有你的下巴！"但是，领养儿童的父母亲会告诉你，他们也经常听到完全一样的评论，尽管他们之间毫无遗传关系。我们看到的是我们想要看到的相似性。

不仅仅只有基因以各种有趣的组合联合起来产生某个特定结果，我们还要记住，前面讲到过，我们的DNA有98%不是由基因构成的。人们已经发现，所谓的表观遗传学因素——例如使不同基因激活和失活的机制——在造就你这一方面有着与基因一样的作用。

这不是说基因组没有用。我们将会发现，遗传学研究使我们得以发现了个性的大量促成和非促成因素。现在破译一个完整的基因组远比最初耗费数十亿美元和数年时间的人类基因组计划容易。但是，正像科学中常常见到的一样，我们必须警惕"这比我们最初设想的更复杂"这句话。

先天与后天惊人的平衡

不过，后天的情况呢？你是如何被你过去的经历所影响的？你是在一个充满爱的家庭中长大还是遭受了童年的穷苦？你是富贵、贫穷还是普通？毫无疑问，环境影响着我们，但是令人惊讶的是，像家庭抚育和教育这样显而易见的促成因素却不太可能具有像以前人们认为（现在人们仍然认为）的那样巨大的作用。

这其中有部分原因是我们给了后天大量权重，下意识地将某人的生长环境视为性格和行为的塑造因素：在心理学的早期发展过程中，人们理所当然地认为，是环境特别是童年环境塑造了我们的性格。早期的非科学学科如精神治疗学建立在纯假设而不是科学证据之上。当科学证据开始得到妥善评估后，它发出的信息

What Do You Think You Are?

令人震惊，因为这些证据表明，那些早期的假设远远不是事实。

在一个非凡的长期研究中，两位美国社会学家约翰·劳布（John Laub）和罗伯特·桑普森（Robert Sampson）比较了一系列具有相似穷苦背景的男性——他们曾遭受过童年贫困[①]，儿童时期就参与了犯罪活动。研究者成功跟踪研究了这些个体的一生，直到70岁，因为他们在哈佛大学法学院的档案库里发现了一个40年的记录，接下来追踪到了原始研究的多数参与者，以观察他们最终的生活状态。

该研究得出的惊人结果是，没有办法根据这些男孩的原始环境预测他们一生的发展和行为来对他们加以分类。他们的成长方式、贫困程度、受虐待情况、糟糕的学校成绩——没有一个能作为特定个体未来生活的有效预测因子，一些人在此之后过上了充实和积极的成年生活，一些人变成了顽固的重罪犯。

并不是说他们的艰难开头没有影响。与不同背景的人相比，该研究的参与者更可能过上艰难的成年生活。但是任何个体的结果都没法用其早年生活的"明显"因素进行预测。无疑结果的一大部分要归功于随机环境——运气，或缺乏运气。男孩们去了哪里，遇到了谁——但是科学家没法找到任何过去会被认为是他们行为肇因的模式。

基于很多研究，现在人们广泛认为，造就我们的有一半是遗传，有一半是环境。每种情况中，事情都比人们之前所认为的更复杂。我们介绍过，在遗传方面，很少有特征能定位到少数几个特定基因。通常都有数百个相互作用的遗传因素。与此同时，环境方面只发现了显而易见的影响因素如父母和教育的微小贡献。再一次，太多微小的相互作用的因素塑造了我们的生活，很难说明白某个特定环境如何影响了某个个体。

基因与环境

在量化和剖析整个先天后天之争上做了最多工作的研究者可能是在伦敦国王

[①] 指绝对贫困——缺乏食物和住所这样的基本需求——而不是现在通常使用的相对贫困的定义，后者指某个国家平均收入水平的某个比例以下。

学院工作的美国行为遗传学家罗伯特·普罗明（Robert Plomin）。

普罗明极为看重遗传的影响。他在自己的行为遗传学著作开篇如此说道："如果你听说一台全新的算命机器号称能预测抑郁症、精神分裂症和学习成绩，你会怎么想？甚至它能从你出生那一刻开始给你算命，完全可靠还客观……"他说的是你的遗传组成。前面提到过，你的基因只是影响你心理特质的一半因素。而且我们常常不知道到底是什么构成了遗传因素。

在面对像人类这样错综复杂的系统时，我们必须总是谨慎地寻找原因。很多制造了头条新闻的研究显示了这一点。为了确保某个因素确实产生了某种特定效应，好的科研方法是重复进行大规模实验，在其他一切都保持不变的情况下，只改变该因素。但是，由于伦理和可行性的原因，不可能在人类身上进行这种实验。相反，我们往往有必要配合来自这个真实复杂世界的数据，找到办法抵消其他所有因素的影响。

例如，当你读到地中海饮食可以减少心脏疾病的风险时，其实这种饮食只是该研究涉及人群所处环境的一小部分而已。他们还可能比城市居民住的更接近大海或者生活压力更小。他们可能比其他人更喜欢某种酒精消费模式，或者锻炼得更多。诸如此类，数百种其他可能的影响。做研究的人不得不操作数据以对付其他因素——例如，试图去除像吸烟、空气污染和压力这样的风险因素——要准确做到非常困难。

在可能的时候，研究者会利用自然场景产生他们想要在实验中做到的那种控制。例如，如果我们试图对比遗传与环境的影响，我们会想要将人们分为遗传背景相同但环境不同的组别，或者环境相同但遗传背景不同的组别。在某种程度上，可以设计利用孪生子和领养儿童的研究实现这一点。

同卵孪生子是克隆体：他们在遗传上（几乎）相同，通常在同一环境下长大，不过有少数被分开抚养，产生了"遗传相同，环境不同"的研究。同时，异卵孪生子一起出生但不是克隆体，在遗传上不同，但通常在同一环境下长大。领养儿童与养父母的遗传背景不同，但与其环境一致。如果家庭中有一个以上的领养儿童，那么领养儿童之间可以进行比较，因为与拿他们与其养父母比较相比，环境对他们的影响更加相似。

这些研究类型在心理学里很普遍，它们使得分辨先天因素和后天因素成为可

What Do You Think You Are?

能。我们在前面提到过，即使双胞胎的遗传组成也不完全一致，用同一环境长大的孪生子做研究不总是产生相同的结果。同样，领养儿童也会产生误导性的结果，因为即使兄弟姐妹（不管是不是领养）的外部环境也不同。即使在家里，兄弟姐妹之间可能非常不同的行为也是彼此环境的一部分。然而，这些研究还是提供了宝贵的信息，可以评估先天与后天如何合力塑造了你（或者每一个人）。

罗伯特·普罗明同时参与了美国的一项重要领养研究（涉及250个领养家庭和250个对照[①]家庭）和英国的一项涉及16 000个家庭的大型孪生子研究。这些研究延续了数十年，以收集参与个体的发展数据——在孪生子研究中，这涉及定期联系参与家庭直到双胞胎21岁为止——结果是收集到了超过5 500万条数据。这些研究与其他研究一道让我们很好地了解到在造就你的一系列心理学因素上，先天与后天之间的平衡。

总的来说，我们介绍过，这些研究确认了你的心理学组成大约有50%可以归因到你的基因，50%归因到你的环境。也就是先天与后天的比例是50∶50——不过这里值得一提的是，"环境"是比后天更准确的提法。在相同家庭环境下长大的儿童彼此之间的差异幅度在整个人群的角度来说是相似的。这里有50%的遗传贡献，但剩余部分似乎要完全归因于与更广阔环境的复杂互动。唯一显著的例外似乎是宗教和政治信仰，其在儿童起始阶段有显著的家庭影响，但即使这种影响也会随着我们的成熟而消退。

生活在混沌中

麻烦在于我们每个人所成长的环境都很混沌。我们介绍过，这里说的不是"chaos"这个词语的通常含义，即纯粹的混乱，而是一个反映了混沌的数学概念。混沌理论告诉我们，如果系统的不同部分能随着时间过去而彼此影响，那么系统就可能对初始条件非常敏感。其初始环境极微小、难以检测的差异会造成后面巨

[①] 在科学研究中，对照是一种比较你感兴趣的对象与缺乏同一特征对象的方法。例如，当测试一种新药时，对照可能是一种安慰剂——实际没有活性成分的药品。在领养儿童研究中，对照是具有相似结构和环境的家庭，但该家庭中没有领养儿童。

大的变化。结果就是某些看似随机的东西实际上是具有确定性的。

混沌系统可以复杂——例如，天气就是一种复杂的混沌系统——也可以令人惊讶的简单。一个下摆连有铰链的钟摆会以一种明显随机的方式摇摆跳动，因为钟摆两部分之间的相互作用足以使其进入混沌状态。由你和你周围环境中的影响因素组成的混沌系统会导致很多微小经历在以后产生巨大的影响，也就不足为奇了。2008年发表的一篇论文强调了微观互作因素在生物体内产生巨大的环境差异到了何等程度。这一发现源自某种本身就很奇特的生物——一种孤雌生殖的螯虾。

这种甲壳类动物被认为是美国蓝螯虾的一种。该物种似乎最早出现在德国一个鱼缸的神秘环境中，当时它的名字是大理石纹螯虾（Marmorkrebs），因为它有着特别的灰色大理石外观。但这种动物的特异之处并非在此，而在于孤雌生殖这一点。孤雌生殖意味着大理石纹螯虾可以无性繁殖。单只大理石纹螯虾可以（也确实）生产出大量小螯虾。

这让大理石纹螯虾在野外变成了潜在的风险，因为如果把它意外放到外面，它会轻而易举地占领一块新区域[①]。不过，最先研究它的科学家们认识到，这也使得这种动物成为了一种极佳的研究工具，可以研究具有特定特征的生物如何发育，因为每一只小螯虾都是其母亲的克隆体——它们的遗传背景足够相似。

在一个使用了这种螯虾的实验中（结果发表在2008年），德国研究者将一批批的螯虾尽可能地饲养在相同的条件下。以同样的方式喂食，放在同样的环境中，甚至让同一个人照料，以免产生个体差异效应。克隆体意味着，如果不考虑突变，它的遗传方面是不变的，而上述采取的所有措施都是为了保持环境方面的一致。两大关键因素都得到了控制。然而结果令人大吃一惊[②]。螯虾长大后彼此之间存在巨大的差异。

虾壳的斑纹图案在不同螯虾之间极为不同。体型最大的螯虾是最小螯虾的20倍。其寿命也有巨大的差异，从437天到910天不等。甚至它们的行为也差异显

[①] 一个很有道理的问题：如果孤雌生殖生物如此擅长于占领某个环境，那为什么有性繁殖在自然中如此普遍？短期内，孤雌生殖能提供丰厚的回报，但因为其后代缺乏有性繁殖体基因的混合匹配机制，不可能产生能对环境变化反应的变异；因此，长期而言往往是更不成功的。

[②] 我不无嘲讽地好奇这个结果是否真的令人惊讶。如果你预计不会发生有趣的事情，为什么要做这样的实验？

What Do You Think You Are?

著，包括它们的移动方式和社交互动。显然有什么在影响着螯虾个体，使之产生了差异。

斑纹图案的变化是最不让人惊讶的结果。2001年诞生的第一只克隆猫，名叫 Cc[①]，完全不如其名字所提示那样是它母亲的碳拷贝。它的母亲是一只三花猫（长着橙色和黑色斑块的白猫），而 Cc 是白色的斑猫（额头上长着 M 形的棕色条纹）。这一差异是由表观遗传学造成的，即基因被环境因素和发育过程打开与关闭的方式。按照推测，螯虾生长环境的精心控制应该能最大程度地减少这种情况发生的可能性。然而检测一种被称为 DNA 甲基化[②]的表观遗传学机制时发现，克隆体之间存在显著的可观测差异，不过这种差异无法与螯虾身上明显的变化相匹配。

不可否认，研究这种螯虾的科学家试图将环境保持一致，但他们无疑低估了自己面临的挑战。混沌理论起源于美国地理学家爱德华·洛伦兹（Edward Lorenz）早期的天气预测计算机程序研究。当时的计算机非常慢，所以在重新运行程序时，洛伦兹没有从头开始，而是直接输入前一次运行半途打印出的数值。其产生的预测结果完全不同。

洛伦兹意识到计算机算出的结果的精确度比打印结果显示的更高。计算机真实的计算精确度是小数点后6位，而为了节省纸张，打印结果只显示每个数值小数点后的3位数字。结果，如果计算机算出了一个数字，例如0.634 152，但打印输出的却是0.634。微小的差异却导致了之后巨大的变化。生物学家控制螯虾生长环境的相似程度完全无法与洛伦兹的小数点后6位相比——例如，孪生子螯虾的生活相似，但不相同。

有可能是某天喂食时其中一只螯虾因为在鱼缸的位置不错而多吃了一点食物。也可能是因为在关键时刻鱼缸的水温或溶解的化学物质在不同位置的不同；甚至是遗传背景相同的假设也只是几乎正确，而不是完全正确。克隆体并非具有100%相同的遗传组成。复制 DNA 的生理过程极为不凡，拥有错误检查机制，但还是会发生一些错误。即使在复制过程之外也会有一些小的变化介入，比如，来

[①] 据说这个名字的意思是 "Copycat" 而不是 "Carbon copy"。
[②] 在 DNA 甲基化时，甲基（一个结合了三个氢原子的碳原子）被连接到了 DNA 的外面，改变了基因的行为。

自外太空的宇宙射线、高速粒子，或者背景辐射。

所以，在某种意义上，这种极为特殊的螯虾并没有显示出任何新的东西。它们的组成仍然是遗传（外加表观遗传）和环境——先天和后天的组合体。但它的意义在于，如果这两者的组合体是一种混沌系统，那么从中进行预测要困难得多；因为极其细微的变化会产生非常巨大的影响。情况尚不明朗——混沌系统是我的解释——研究者只是认为，这是"无形的变异"和"发育噪声"。依然未变的只有一点：事情比我们想象的更为复杂。

有人认为，这种发现提示存在着先天、后天后的第三个因素，环境。这里环境指的是似乎能影响螯虾发育方式的诸多微小变化的组合。然而，很难不认为，这只不过是环境因素的改良描述版本。环境也许没有"后天"（nurture）看似有意的含义——但其也不过是一个标签而已，更多是因为与"先天"（nature）押韵而被选择，并没有暗示要采取措施促成什么事情，与随机经历无关。

基因和路径

那么，在同一后天的环境中长大的个体产生了比单独靠其基因所能提供的更显著的差异，普罗明的研究（以及类似研究）和螯虾的研究似乎能解释这其中的底层因素。有些人将这一发现解释为，关于我们的个性，我们不能将太多的影响归功于我们的家庭生活，仿佛在说一个充满爱的家庭环境没什么作用——然而从下面这个意义上来说，充满爱的家庭生活显然有作用：它能使得个体更容易处理生活中的逆境，过上更快乐的生活。塑造你心理性格的遗传和环境差异也许没有受到你成长方式的太多影响，但是慈爱的家庭可以确保你获得支持，去充分利用基因和环境所赋予你的条件。

大体上，同样的逻辑也适用于学校和生活经历。当然，它们会生成你一生中的不同潜在路径。例如，在当代的英国，私立学校的学生比公立学校的学生明显更可能进入顶尖大学。一部分原因是这些学校的性质——私立学校比公立学校更具选择性，所以可以预期私立学校的学生平均表现要更好。但是，还有一部分原因在于采取特定路径的机会。

What Do You Think You Are?

尽管像剑桥大学这样的顶尖大学做了很多努力鼓励更广泛的在校生将剑桥视为潜在的目标[①]，但私立学校进入顶尖大学的学生比例比公立学校更高。不过请注意，这不是在说学校让学生变了一个人。一所学校可以让你走上特定的道路，但改变不了你。

对遗传和复杂环境的交互影响还有一个相似的可能误解：当特定群体的学业表现不佳，或者更可能犯罪时，就认为这些群体在遗传上比那些做得更好的群体逊色。造就了你的遗传和环境的组合并不能给你提供机会。机会主要来自于运气和文化社会因素的组合。当然，你对于这些机会的反应取决于你的内在性格，但不意味着机会的差异就不存在。

基因可以干扰环境

研究得到的一个惊人发现是，即使看似纯粹的环境因素实际上也深受基因的影响。一个有力例子是，普罗明探索了父母抚育方式会影响孩子成长这个想法。普罗明通过数据而不是"常识性"的假设，证明这种影响大部分情况下正好相反。是孩子的行为影响了父母抚育方式——遗传是孩子行为的强力根源，大约占50%。这产生了一种行为反馈环。

普罗明如此看重遗传方面，原因在于极难确定何种环境因素贡献了行为的另外一半促成因素——所以遗传方面的这一半是可以合理量化的部分，也是最大的单因素，即使它也是很多不同基因之间相互作用的结果——但是这不意味着环境的一半就不存在。即使如此，这也是一个强有力的观点，需要进一步的解释，才能有助于确定是什么造就了你。

当第一次宣布这种联系时，即使是该领域的专业人士，也对此不无看法。例如，普罗明证明我们儿时看了多少电视也有遗传的因素。这一发现惹恼了一些专家，因为看电视是当时标准的环境喻例之一——被认为性质上纯粹是环境因素。普罗明记录了一个"著名的行为遗传学家"，他写道"看电视这种三代之前尚不

---

① 2019年，剑桥大学的入校新生有68%来自公立学校——从2000年的52%增长至此。大约85%的入学申请者上的是公立学校。

存在的行为表型，不可能存在对应的基因"。

对于一个本应了解自己所言事物的人来说，这个论点有点荒唐。"看电视的基因"当然不存在——但也没人暗示存在这个基因。相反，从该研究得出的合理推论应该是，你的遗传组成促成了你对看电视的态度。正如普罗明所说："我们可以随意开关电视，但是关上电视或者让它开着对于个体产生的愉悦度是不同的，部分取决于遗传因素。遗传不是操纵我们的傀儡师。遗传的影响是概率性的倾向，而不是预先决定的程序。"

没人在暗示遗传是那些我们通常认为的环境因素的唯一原因——它只占行为的"环境"影响来源的50%多一点。然而它在我们行为原因的不同成分中，经常是最大的单个因素。不管数据告诉我们了多少真实情况，行为遗传学告诉我们，先天和后天的影响似乎极为反直觉。不过，这在科学上并不罕见，从我们不能直观掌握随机性和概率以及看似令人困扰的量子物理学本质中可窥见一斑。

回到开始

我们已经看到基因令人惊讶地影响了可以影响我们行为的"环境"因素——当我们探究先天/后天之分随时间发生的变化时，这种出乎意料的关系甚至会更多地显现。在我们出生时，完全可以理解后天的环境发挥影响的机会不多，我们受遗传——先天的控制。然后，我们预计随着我们获得经历，环境的影响会越发强大。但是，数据显示，现实完全与这一情况相反。

当同卵双胞胎与异卵双胞胎（与其他同胞相比遗传上更相似）比较时，检视他们随成长发生的变化会发现，同卵双胞胎的行为会变得更为相似，而异卵双胞胎程度更低一点。这说明遗传因素对于他们行为方式的影响会与日俱增。或许此处还残留了一点常识，即我们都感觉自己随着年纪增长行事方式变得越来越固定——或许这反映了遗传因素持续增长的重要性。

现实比这这种头条效应更复杂一点。例如，智力的遗传因素似乎会随着时间逐渐占据统治地位，那感觉为我们天性的相关方面的学业成就，却似乎不会改变其先天/后天的平衡，保持在先天约占60%的水平。普罗明认为，这可能是因为我

What Do You Think You Are?

们教的是那些按照学业成就衡量的技能，但我们没有怎么去教孩子那些被标记为智力的技能，后者会使得遗传影响随时间流逝占据主要地位。

从心理障碍到谱系

可以说，根据行为遗传学上的发现，我们最应该改变的是对于心理疾病的态度。"心理疾病"的概念本身暗示着一种范畴错误。当我们因为一种身体疾病看医生时，通常都有特定的原因——病毒、细菌或身体机能失常。你要么有病，要么没有。如果懒于思考，我们往往会以同样的方式看待心理疾病。我们认为，你要么有心理疾病，要么没有，就好像它同样也有某个原因一样。然而，尽管某些疾病确实由大脑的特定机能缺陷所致，但是我们贴上心理障碍标签的东西通常是由大量可能遗传组合中的极端情况所致。

请注意，这不是在否认这样的遗传组成不会产生严重问题，关键在于患病和未患病之间没有一个简单的分界点——我们都位于任何特定遗传组合的影响程度的谱系上。举一个常见的例子，这意味着阅读障碍不是一种疾病，相反，那些被我们标记为阅读障碍的各种状况都位于阅读能力遗传基础谱系上的不同位置。

大多数心理问题都受大量遗传因素的影响，根据其总的贡献，我们都在（比如）抑郁症、多动症（ADHD）、阅读障碍、自闭症、精神分裂症谱系的某个位置上。再一次，这不是说这些谱系的极端位置没有破坏性，而是说我们现在给人下标签的非此即彼的方式是不正确的；这不是说某些个体"在谱系里"而某些不在，而是说我们都在各种谱系中的不同位置。

虽然没有理由怀疑普罗明的科学，但某些人认为他的发现存在争议。在我撰写普罗明书籍的评论时，一个评论者指责我支持了一个种族主义者的研究。这是因为有人相信普罗明的研究可以被用来支持白人至上主义者（以及其他种族偏见个人）的理论，例如，他们声称，非裔美国人往往由于遗传缺陷而赚得更少，工作地位更低，而不是因为社会和文化的藩篱。

但是，无论是谁持有这种看法，都是完全误解了这一科学。我们在第2章介绍过，在遗传方面，所谓的种族内遗传变异远远多于种族间的遗传变异——这就是种族概念极其有害的原因。我们在前面发现，你的遗传组成和环境发展赋予了你如何应对机会和境遇的方式——但是它们不能改变你所得到的机会，机会通常取决于文化和社会上的偏见以及分歧。

有人甚至提出，这一科学发现甚至完全不应当发表，因为它可以被如此误用。但是正如古生物学家亨利·吉（Henry Gee）在他的书《意外的物种》（*The Accidental Species*）中所指出的，他的研究经常被神创论者错误地用来攻击进化论，因为他指出了化石记录中的缺口和从中得出结论的困难。就因为亨利·吉的研究会被神创论者误用，所以人们就认为他不应当描述古生物学的现实情况是荒唐可笑的，正如同就因为可能被种族主义者误用而阻止普罗明报告先天与后天之争的证据。

文化、媒体和体育部

英国政府过去有一个部门叫做文化、媒体和体育部（Department for Culture, Media and Sport，DCMS）①。它给人的印象是一个大杂烩，负责的事宜似乎放在哪里都不合适。恕我直言，这是一个感觉没有像卫生部、财政部或外交部那么重要的部门。本书第一稿并没有现在这个小节——但是在回顾本章时，我感觉好像漏了什么。

我第一个想到的是教育和职场，但接着意识到"文化"应该值得一提。所以，最终是一堆遗漏的影响因素，感觉就像DCMS那样的大杂烩。但是，就像那些部门分类一样，存在一种逻辑将这些能产生显著影响的生活其他方面串起来，它们占据了我们大量的时间，但此时还没有得到真正的报道。

它们都是塑造你、提供生活机会的环境的一部分——但挑出它们单独讨论似乎合情合理，因为它们占据了我们如此多的时间，即使如普罗明所提出，很难确定教育和职场对于我们成长过程的具体影响。在讨论我们对于种族认知的反应方式时，我们已经见识过文化的影响，种族是一种文化而不是生物学的区分方式。

---

① 在本书写作时，它被称为数字、文化、媒体和体育部。而到你读本书时，它可能又有其他名字了。

What Do You Think You Are?

如果你问孩子"你是什么",他们通常会回答"女孩""男孩"或"人类"之类。但问一个成人"你是什么",他们通常会告诉你他们的工作。"我是管道工",或者"我是外科医生"。即使他们辞掉了工作,他们可能也会说"我退休了,我以前是……",在思考什么造就了你时,不去关注你的职业显得有点不通情理,但感觉这是一种由后到前的观察。

这完全就是那种部分由你的基因决定、部分由你的环境决定的特征,包括你面临的随机机会在内。很少有人充分承认环境产生的影响有多少是机会和境遇的结果。我们可以将从事某个特定工作的背景视为从过去到现在的分岔路径,各种与我们无关的决策和机会具有影响结果的强大能力。

我的分岔树

以我成为科普作家的经历为例。这里毫无疑问存在一些遗传影响。我只能想起写作这部分是遗传的,因为我一直以来都是如饥似渴的读者和不停歇的写作者。我在孩提时就开始画漫画,第一本小说是我在初中上下学通勤路上胡乱写就的(幸好现在找不到了)。写作似乎是我无法抗拒的事情。同样,我怀疑科学这部分也有遗传影响——主要不是因为我爸是化学家,而是因为我痴迷于周围世界的科学原理,这是所有小孩子似乎都拥有的痴迷,很久以后我在学校的朋友中很多人都走上了别的道路。

所以,"科普作家"的遗传种子一直存在。但它理所当然地从未在我的教育和职业方面的环境路径中突出过。这从很早就已经开始——在学校,中学六年级时,我们必须选择文理科。科学和英语没有交叉。当我上大学时,我本以为要攻读化学学位,却发现自己更喜欢物理学。随着物理学学位攻读结束,我认识到实验物理学家的生活非我所欲,因为它似乎大部分时间都在从电子设备中读取数据,做数学计算,而我更喜欢与兴趣直接相关的东西[①]。

就像很多准毕业生一样,我绝望地奔向大学就业办公室,离开时带着两种选

[①] 此外有一次我放假时把一块电烙铁留在了物理实验室中,差点把那里烧成了平地。

择——科学向的考古学,因为我一直痴迷于石器时代的遗址;或者一个被称为运筹学的数学学科,"二战"时由物理学家建立,现在被用来帮助商业和政府组织更好地基于数据做出决策。

现在开始介绍一大堆的潜在分叉和意外事件。我在面试兰卡斯特大学(Lancaster University)的运筹学硕士时走错了酒店。结果,我迟到了,不得不在吧台考试。不知怎么的,周围的非正式环境帮我通过了考试,也被录取了,但不太合格。在我的硕士末期,我申请了一些工作。其中一个我真的不感兴趣——英国航空公司(British Airways)。我在面试时气势汹汹,却让他们觉得我更有意思。我得到了工作。英国航空公司罕见地重视了其运筹部门的计算机技术,计算机技术就占据了我的生活。

我最终负责了公司的PC部,意味着我经常要与计算机杂志的编辑打交道。他们问我是否愿意为他们写文章,写作突如其来地进入了我的职业生涯——我之前一直将此当作业余活动,没有将它更进一步的想法。而最重要的机会来自我在写一本关于互联网在商业中使用的文章时,接触到了当时占统治地位的搜索引擎Alta Vista。我没想到这家美国公司不拥有网络域名altavista.co.uk——这属于伦敦的一家文学代理商。文学代理商的老板成了我的代理人,鼓励我进入科普写作领域。

我提到了所有这些是为了显示,超出我们控制的环境境遇有多频繁地推动我们走向不同的方向,就像弹珠撞上保险杠。

两种文化

我们不会花太多时间在文化和教育上,除了再次强调广义上的文化是我们环境的一大部分——不管我们谈论的是国家间还是兴趣不同的个体间的文化差异。但是英国历史上有一个事件如此漂亮地概括了文化对环境的影响,有必要简短研究一下。那就是查尔斯·珀西·斯诺(Charles P. Snow)在1959年的讲座——《两种文化》(*The Two Cultures*)。

查尔斯·珀西·斯诺是化学家和公务员,他强调了英国的人文和科学之间的

What Do You Think You Are?

文化分裂现象。他相信大量来自人文学科的当权者往往轻视了科学人士。更糟糕的是，他指责那些来自文科的人，那些"以传统文化的标准，被认为是受过良好教育"的人，一边蔑视科学家在文学上的无知，一边却以自己在科学上的无知为傲。斯诺将他们回答不了热力学第二定律的问题类比于科学家对"你读过莎士比亚的作品吗"问题的否认回答。

根据我的经验，科学家对艺术产生兴趣远比有艺术背景的人对科学表现出热情更普遍。尽管总的来说，斯诺时代的轻蔑风气已不再，但当科学胆敢进入艺术世界时，讥笑者仍然甚众。例如，主流观点似乎认为科幻小说——经常由科学家撰写——与文学不能相提并论。尽管科幻小说确实越来越受到知识界的承认，但它会被迅速标记为其他东西。例如，当下最受推崇的科幻作家玛格丽特·阿特伍德（Margaret Atwood）极力否认她写的是科幻小说。在一次英国广播公司"早餐"节目（BBC Breakfast）的采访中，据说阿特伍德宣称科幻小说仅限于"谈论外太空的乌贼"。

在思考造就你我的事物时，人文和科学之间的区别确实很重要。有些人在得知我是一名作家时很短暂地表现出非常大的兴趣，但在发现我写的是科普著作后就完全失去了兴趣。具有科学背景的人则坦白，古典音乐或文学小说不能打动他们。

就其本身而言，这种区别没什么意外——仅仅反映了遗传和环境的组合。但是，这种将人文置于科学之上的偏见似乎是一种文化分裂现象，基于的是没有逻辑基础、只是种族偏见的"我们对抗他们"思想。这是部落时代的遗留问题，那时科学被认为与手工艺人太过接近，当权者甚至认为其还在手工活之下。尽管这种偏见已经弱化了，但值得注意的是，例如，有科学背景的人士在当今的政治和媒体机构中仍然明显不多。

道德迷宫

文化的一个非常具体的方面是道德。就像我们的其他人格和行为性状一样，我们的道德态度似乎是由先天和后天的混合体所决定的。我们的遗传倾向通常鼓励我们偏爱那些与我们基因相近的人，尽管这也可以扩展到将更广泛的社区视为我们基因群体的一种延伸，从而产生了利他主义。我们来源广泛的文化和社会影响，在道德规范方面既可以是积极的，也可以是消极的。

很难确定人类的道德如何运行。有一段时间在别人身上做实验研究道德被认为可以接受。经典的例子是美国心理学家斯坦利·米尔格拉姆（Stanley Milgram）在20世纪60年代所做的实验。当时正值纳粹的战争审判，所以实验的部分理由是试图了解大量普通人如何能忍受"二战"时发生的纳粹暴行——他们的"道德导向"怎么了？

在实验中，受试者被赋予了"教师"的角色。就他们而言，他们参加实验的目的是了解惩罚对学习的影响。每个老师负责一个"学习者"，学习者的任务是记住一些文字。然后，学习者必须在没有提示的情况下重复该文本。当他们做错了什么时，老师的职责是实施电击，目的是看这种电击会使学习者的表现更好还是更差。

老师们不知道，整个实验是一个圈套（心理学家这样做有很长的历史，他们假装在测试一件事，但实际上是在测试另一件事——如果你曾参加心理学研究，先假设他们就实验目的对你撒了谎）。学习者参与了这个骗局，并表演了他或她的痛苦。没有真正的电击。但担任教师角色的受试者并不知道这一点。

随着实验的进行，学习者给予的答案错得越来越多。心理学团队的一位成员坚定地指示老师给予越来越强的电击。控制电击的转盘一直标记到了听起来很致命的450V，随着"电压"的增加，学习者变得越来越激动，看起来也越来越痛苦。在实验进行之前，现场人员普遍感觉只有极少数受试者会继续下去，因为他们会造成越来越多的痛苦，并怀疑自己可能造成伤害甚至死亡。在现实中，65%的参与者一直坚持到了450V的电压。

米尔格拉姆的看法是，权威者的话往往会压倒道德判断。如果命令下得足够果断，正常人最终会沿着臭名昭著的"只服从命令"的路线前进，甚至到达折磨和杀害他人的程度。虽然有人质疑米尔格拉姆的实验结果的有效性，但这些反对意见似乎基于一些一厢情愿的想法——这些实验后来被重复了，而且取得了相当大的成功，尽管比例不一。这并没有给我们透露我们的道德来源的任何新信息，但确实表明它比一些人认为的更容易发生突变。

What Do You Think You Are?

电车难题

值得庆幸的是,尽管在许多方面,心理学家仍然经常误导他们的实验对象,但这种残酷的实验现在被认为不符合伦理,更常见的做法是诉诸思想实验,在这个过程中甚至没有人看起来受到伤害。也许用来探索道德的最著名实验是电车问题。

这类问题最简单的一种形式是这样的。你独自在控制室里,从闭路电视上看到一辆失控的有轨电车正向站在铁轨上的五个人驶去。没有办法警告这些人,也没有办法让他们及时离开轨道逃生。然而,在他们和电车之间有一个道岔(一组给定的点),它可以由你控制。只要按一下按钮,你就可以将电车转到另一条轨道上,拯救这五个人的生命。不幸的是,有一个人站在第二条轨道上。这意味着,如果你让电车改道,这个之前安全的人就会死亡。

你要思考的问题是,你是让事情继续发展下去,也就是说这五个人都会死,还是按下按钮,救下这五个人,但导致另一个人死亡。在继续阅读之前,请试着确定你会怎么做。答案没有对错之分。

在考虑你的回答之前,让我们再试试另一个电车问题。再一次,一辆失控的电车[①]正沿着轨道向五个人冲去。再一次,你没有时间去阻止它或警告他们。但现在事情就没有那么简单了。你在一座桥上,就在轨道的道岔之前。没有时间接触到最近的道岔控制器,它就在旁边的地面上,可以改变电车的方向。即使你自己跳下桥,你的重量也不足以绊倒重型控制杆。然而,有一个极重的人,愚蠢地骑坐在桥的护栏上。如果他被推下桥,就会落在控制杆上,他的重量足以移动道岔,拯救那五个人。不幸的是,坠落会导致他死亡。你会推他去死,还是让这五个人去死?同样,在继续阅读之前,请花点时间决定。

考虑到答案确实没有对错之分,大多数人都会在第一种情况下切换道岔,但不会在第二种情况下把那个人推下桥。然而在道德上,这两种情况是相同的。每

---

① 真的需要有人去告这家公司。

一种情况下，如果你采取行动，结果都是救了五个本来会死的人，但代价是杀了一个本来会活的人。

主持这些测试的心理学家认为，你的道德感受制于你对行动的直接参与程度。这就是为什么用枪杀人，甚至用步枪远距离杀人，比用刀近距离杀人更容易。在第一个电车实验中，你冷静地按下一个按钮，引发了一个远方的动作；在第二种情况中，你积极地把某人推倒致死。然而，这些动作无疑具有相同的后果，这表明你的道德导向并不是一成不变，而是随机地受到环境的影响。如果你在远处，你的决定会更多受到理性思考的影响；如果你就在附近，单独一人，情绪就变成了更重要的驱动因素。

我怀疑心理学家是正确的，但有一种危险，那就是对具体的思想实验作过多的解读，因为它仅仅是一个思想实验，很难确定决定背后的因果关系。第二种情况比第一种情况要复杂得多，而且无法理解它如何在现实中实行。你怎么可能知道体重大的人会成功地绊倒控制装置？因此，你怎么可能知道这个人会准确地落在正确的位置上？[①]你做不到，这使你更容易拒绝这个方案，因为你很可能最终杀死一个人还是救不到其他人。

在现实中，因为环境对你个性的贡献并不清晰分明，而是由各种微小因素的复杂互动合力而成，所以现实生活中的道德决策既不遵循明确的逻辑，也不纯由情感驱动。你的道德决策更可能是许多有时相互冲突的因素造成的结果。

我们还能定义"你"吗？

那么，我们在寻找你特定个性和行为的确切原因时，可能总是会受到限制。然而，有人认为其实并没有我们想象中那么固定的东西在等着我们去揭晓——实际上，在表面之下并没有一个固定的"你"。迈克尔·布莱斯特兰德在他的《只有一半的真相：为什么科学看不到全貌》一书中讲述了华威商学院行为科学教授尼克·查特（Nick Chater）的"挑衅性观点"。

[①] 在这个问题的原始版本中，这个胖子如此沉重，以至于当你把他推到铁轨上时，电车撞上了他，停了下来。这在物理学上很糟糕。

What Do You Think You Are?

查特认为，与其在成年阶段寻找特定的性格和一堆看法，一起形成你的根基，还不如就让你完全浮在表面，根本没有什么根基可言。这种理论认为，通常被看作个体身份根基本质的东西实际上远比我们大多数人（包括大多数学者）相信的更为易变。查特告诉我们，内在之你并非固定可辨认的事物，而是在不断变化，随时根据需要进行转换和改变，以应对外界情况。

作为这种情况的证据，布莱斯特兰德举了一个例子，他为一个电台广播做了一个演示，复制了早先在瑞典的实验，参与者被问及他们的政治观点，评分为1~10。在节目的休息时间，节目的组织者对参与者的答案进行了调换，使他们在3~7分范围内的回答都从负面换成正面，反之亦然。然后，参与者得到了经过篡改的答卷，并被要求为他们的观点辩护。大约四分之三的人高兴地为与他们实际填写的观点相反的观点辩护。

从中得出的暗示性推论是，这一结果支持了查特的论点；然而，这里存在一个问题。将实验限制在3~7分的答案范围内，必然会挑选出浅薄的观点。实质上，实验表明，我们只被那些我们只是轻度支持的观点所吸引，也许是因为我们对这些话题没有把握。这真的是一个惊喜吗？布莱斯特兰德继续评论说：

即使我们确定自己喜欢啤酒而不是烈酒，喜欢一个政党而不是另一个政党，喜欢减税而不是为国家医疗保健提供更多资金，并且需要一场地震才能改变我们的想法——当然不是一些表面上的琐事——这种"深层"偏好显然不是心灵如何运作的可靠特征。

然而，用其中一个例子来说，作为一个喜欢啤酒而不能忍受烈酒的人，我绝不会因为与我自己写下的内容相反而简单地转换论点。如果我在回答这样的问题，我会把10分给啤酒——我的确定性会把我的答案排除在操纵之外。这个实验说明的不是"需要一场地震才能改变我们的想法"的深度偏好，而只是模糊的偏向性。与啤酒和烈酒之间的选择相比，我在政治上更像是一个不那么坚定的选民，我更有可能给某个政党打一个中等的分数，然后还能够为投票给其中一个政党找到正当理由（正如我过去所做的）。

这并不是说对布莱斯特兰德的实验结果或查特的想法的解读完全不正确，而且这个实验确实强调了我们对那些自己没有强烈投入的话题的意见是多么不稳定。如果不是这样，选举就会非常无聊，因为每个人都会把票投给他们一直支持的同一个政党，结果只会随着投票人数的变化而变化。而且，实验参与者准备着在如此短的时间内转变观点的方式确实让人印象深刻。

也许，我们可以得出的结论是，在意见和性格的某些方面，你很可能是绝对稳固的，而在其他方面，你会比你通常承认的更不稳定。例如，呈现给你的家人的"你"，很可能与你的同事所经历的"你"完全不同。这是在不同背景下的变化，但正如这些实验所显示的，在短时间内也会发生相当大的变化。也许值得庆幸的是，这也反映了，我们中的许多人并不把每个问题都看成是非黑即白，我们可以欣赏争论的双方。

在写到这里的时候，英国正在为脱离欧盟的决定而四分五裂。议会本身无法做出任何明智的决定，只是采取行动来避免这些决定。全国大部分人要么支持留在欧盟，要么支持离开欧盟——其中许多人的意见强烈分化。如果是在布莱斯特兰德的调查问卷中，他们不会将这些选项打到3～7分的范围。除非证据支持他们的观点，否则分歧的双方都会将之忽视。截至本书出版时，"脱欧"已经敲定，政治家们表示希望国家能够"团结起来"，但国家仍然存在严重的分裂，未来的政治日子会很艰难。我怀疑，在这样的问题上，并不是我们的意见比我们想象的更多变，而是我们太僵化，无法取得明智的结果。

在我们复杂的世界中，我们所面临的许多决定都没有单一的"正确"答案。当我为商业人士举办创意研讨会时，我一直强调的是，寻找明确的正确答案是一种愚蠢的行为。现实世界的大多数情况都有许多正确的答案——就像你可能喜欢餐厅菜单上的五种不同菜肴一样，你可能同样觉得表面上对立的观点都有积极的一面。我们总是在不完善的知识中进行不完美的选择，尽管保留了一些深层次的信念和想法，但"你"这个整体也包含了许多矛盾和多变的可能性，这一点并不奇怪。只是遗憾的是，这种灵活性并没有延伸到我们所面临的一些重要的政治决定中。

因此，有了最后这些因素，我们正在走向终极的综合体——把造就你的每一件小事拼到一起。

10　每一件小事

我们已经从过去中见识了造就"你"的诸多不同成分和路径，所有这些都是你存在的必要因素。作为一个人，你是已知的宇宙中最复杂的实体。我知道生物学家不喜欢我们认为人类特殊——但你真的与众不同。

通向你的多条线索

虽然我们一开始就说明了家谱这个概念在了解你是什么以及你从何而来方面有多大的局限性；但值得记住的是，归根结底，家谱是遗传学的前身，因此它是一种初步了解人类遗传组成的方式①。只回顾过去，看看你在几百年前与谁有关系，会让人觉得视野狭窄，部分是因为所有这些世代的影响被稀释，部分是因为指数爆炸效应。但是，正如先天与后天之争的实验所显示的那样，我们当然不能忽视使你变成现在这个样子的极其重要的遗传方面。

我们还检视了构成你身体的原子、为身体提供动力的能量来源、生命和人类的起源、环境（包括文化、教育和职业）和有助于塑造你的技术环境，以及或许是"你"最为基础的东西，那个模糊、脆弱、难以确定的东西，你的意识。

花点时间评估一下成为"你"的感觉是什么。仅仅通过思考"你"是什么，你的意识就不可避免地被调动起来——但你还想到了什么？这是一个复杂的混合体，可能包括了我们已经涵盖的许多主题，但也可能还有其他问题。

---

① "基因"和"家谱学"具有同一个希腊语词源。

漏掉了什么?

例如,我们没有涉及你的爱好和活动,但对一些人来说,这些可能是使他们成为自己的最为关键的部分。无论是关注足球队、研究当地历史、照顾宠物、慢跑或骑自行车、爱好音乐……,都可以让人感觉到个人兴趣是你的重要组成部分。当人们被问及业余兴趣说道(比如)"我喜欢我的音乐"时,我总是饶有兴趣。我喜欢音乐,尤其喜欢唱歌和听都铎与伊丽莎白时期的教堂音乐[1],但我并不觉得有那么深的依恋会让我听的东西成为"我的音乐"。我喜欢音乐,但没有也无妨,而有些人则会把他们的业余活动说成是他们的生活。

我们并不是唯一沉迷于娱乐活动的动物,在吃喝拉撒睡、社交和生育这些生物要素之外,我们还沉迷于人类对这些活动的延伸创造,这往往成为我们的工作。其他动物做事情是为了好玩——你只要看一下水獭在雪地里玩耍的视频就能明白这一点;但是,在把人类内心的声音赋予其他物种时,我们必须更加谨慎,无论这种行为在我们看来是多么可爱。请记住那个理解"成为蝙蝠"是什么感觉的问题。

我最近在互联网上看到一个鸟儿"玩"高尔夫球的视频。社交媒体的描述是:"这只鸟刚刚发现高尔夫球能在混凝土上弹跳,这是最可爱的事情。"我们看到一只大鸟捡起一个高尔夫球,跑到一条小路上,把球扔到地上。当球弹起时,这只鸟明显惊讶地跳了回去,然后继续往回走,再来一次。这很容易被理解为鸟儿在享受弹球的体验,因为在这种情况下,人类也会这么做。当然,实际情况是这只鸟在试图打碎它可能认为是蛋的东西,以获得食物。它不是在找乐子,它可能因为球没能打碎而感到非常沮丧。

虽然我们还没有明确涉及爱好,但它们就像文化一样是造就你的环境的一部分,由我们已经讨论到的人格特征驱动——并且与我们对教育和职场的思考有一些相似之处。另一个明显的遗漏也是如此——生孩子。

---

[1] 表明我和孩子们在一起。

What Do You Think You Are?

我的朋友们刚刚有了第一个孩子。他很可爱——而且他现在绝对是他们生活的核心和驱动因素，就像我回忆起我自己的孩子出生时的情况一样。之前，这对夫妇都从他们的事业和业余活动中得到了很多，但目前，从睡眠模式到日常生活规律，这个小小的新生命已经占据了他们的一切。当然，随着家庭生活的正常化，这种情况会有所改变——但孩子将永远改变他们的生活。这并不奇怪，我们的孩子在我们自身的定义因素方面占有很大的比重。

然而，似乎没有必要给孩子一个单独的章节，因为生孩子是一个基本的生理需要。如果出于某种原因，你没有孩子，这并不是一种批评——但现在这也成了你之所以为"你"的原因之一。这也不是说每个人都想成为父母，或应该想成为父母。只是对于那些有孩子的人来说，这里存在着一个强大的生物学因素。父母与孩子的关系和我们已经讨论过的遗传方面紧密相连，不需要单独考虑。我不是在贬低家庭的重要性。相反，我是说，尽管生孩子对父母生活的影响深刻而持久，但没有必要将其作为一个单独的因素来考虑。

如果有其他的东西我没有涉及，那也没关系。我们都有大量重叠的共同点——但同样，我们每个人都与其他人不同。我们已经看到许多微小的环境差异的组合如何能够导致非常显著的结果差异。对你来说，也许还有其他因素比对我更重要。但我希望，通过与我一起进行"了解什么造就了你"的发现之旅，你现在觉得你对这个复杂的、迷人的、奇妙的东西——也就是正在阅读这些文字的特别人类——有了更好的理解。

无论你认为你是什么，无论是什么成就了你，你真的很了不起。

果壳书斋　　科学可以这样看丛书（42本）

门外汉都能读懂的世界科学名著。在学者的陪同下，作一次奇妙的科学之旅。他们的见解可将我们的想象力推向极限！

1	平行宇宙（新版）	〔美〕加来道雄	43.80元
2	超空间	〔美〕加来道雄	59.80元
3	物理学的未来	〔美〕加来道雄	53.80元
4	心灵的未来	〔美〕加来道雄	48.80元
5	超弦论	〔美〕加来道雄	39.80元
6	宇宙方程	〔美〕加来道雄	49.80元
7	量子纠缠	〔英〕布莱恩·克莱格	39.80元
8	量子计算	〔英〕布莱恩·克莱格	49.80元
9	量子时代	〔英〕布莱恩·克莱格	45.80元
10	骰子世界	〔英〕布莱恩·克莱格	41.80元
11	麦克斯韦妖	〔英〕布莱恩·克莱格	49.80元
12	人类极简史	〔英〕布莱恩·克莱格	45.00元
13	量子创造力	〔美〕阿米特·哥斯瓦米	39.80元
14	一元宇宙	〔德〕海因里希·帕斯	52.80元
15	遗传的革命	〔英〕内莎·凯里	39.80元
16	修改基因	〔英〕内莎·凯里	45.80元
17	语言、认知和人性	〔美〕史蒂芬·平克	预估88.80元
18	生命新构件	贾乙	预估42.80元

欢迎加入平行宇宙读者群·果壳书斋QQ：484863244
网购：重庆出版社天猫官方旗舰店
各地书店、网上书店有售。

重庆出版社
天猫官方旗舰店